고암대종사 진영

古庵法語錄

改訂版

조계종출판사

3대 종정취임 법어

6대 종정취임 법어

4대 종정취임 법어

부처님오신날 법어

구시나가라에서

기원정사에서

마하보디대탑에서

해인사 전경

해인사 일주문

용탑선원 전경

범어사 대웅전

제6대 종정 추대식

다비식

해인사 탑전

신흥사 탑전

古庵法語錄

【 序文 】

古庵法語錄 刊行에 題하여

　법계(法界)는 본래 중생이 없으나 무명(無明)으로 인하여 중생이 있고 선가(禪家)에도 본래 조사(祖師)가 없으나 중생으로 인하여 조사가 생겼도다.

　일찍이 노사(老師)께서는 사서(四書)와 삼경(三經)의 길을 버리고 출가하시니 종로 대각사(大覺寺)의 용성(龍城)조사께 노정기(路程記)를 얻으시매 사교(捨敎) 이후에 입선(入禪)하야 제방의 선지식을 두루 참방하심이라.

　조선 태조가 인왕(人王)되리라는 무학(無學)대사의 해몽(解夢)터인 함경도 설봉산 석왕사에서 홀연히 법왕(法王)으로서 심요(心要)가 열리시니 더 이상 가슴 속에 일이 없게 되니 참으로 무구무착(無求無着) 하셨도다.

기미년 무렵에는 장삼의 소매자락 안에 우국지사의 밀지(密紙)를 감추고 반도(半島)와 중원(中原)을 종횡무진 두타행(頭陀行)을 하시며 광복(光復)에도 일조(一助)하시었도다.

종정과 방장 그리고 전계사(傳戒師)로 선교율(禪敎律)을 두루 겸하셨으니 청정한 지혜와 방비지악(防非止惡)의 무루계체(無漏戒體)로써 출가(出家)와 재가(在家)를 막론하고 무량자비(無量慈悲)를 베푸셨고 또 세계가 모두 한 송이 꽃임을 몸소 시현(示現)해 보이셨도다.

해인사에서 시적(示寂)하신 지 사반세기가 되어옴에 은법 제자들이 흩어진 구슬을 하나 둘 모아 꿰듯이 산일(散逸)한 스승의 말씀을 채록(採錄)하여 법어집을 간행한다니 이 경사(慶事)에 산승(山僧)도 단문(短文)을 한 줄 보태나이다.

금분수귀(金粉雖貴)나
낙안즉병(落眼則病)이라.
금가루가 비록 귀하긴 하나
눈에 들어가면 도리어 병이 되는구나.

佛紀 2555(2011) 辛卯年 夏安居
曹溪宗正 海印叢林 方丈 法傳

차례

序文 | 古庵法語錄 刊行에 題하여 _ 曹溪宗 宗正 法傳 ··· 14

1. 古庵大宗師 行狀 ··· 23

2. 古庵大宗師 영전에 ··· 41

    古庵大宗師 영전에 _ 性徹 ··· 42
    寂滅 古庵大宗師 _ 崇山行願 ··· 44

3. 古庵大宗師 發願文 ··· 47

4. 龍城禪師와의 問答 ··· 51

5. 宗正 就任 法語 ··· 57

    第3代 宗正 就任 法語 ··· 58
    第4代 宗正 就任 法語 ··· 61
    第6代 宗正 就任 法語 ··· 67

6. 上堂法語 ··· 71

光明이 太虛를 비춘다 ··· 72
산하대지가 한 송이 눈 ··· 77
기러기는 하늘에서 운다 ··· 82
바닷속 진흙소는 달을 물고 달아나고 ··· 86
南巡童子가 洞村으로 가다 ··· 93
뱃사공은 배를 잘 다스린다 ··· 98
하늘도 덮지 못하고 땅이 싣지 못한다 ··· 102
법을 위하여서는 몸을 잊어라 ··· 107
만물은 나와 한 몸 ··· 111
始終이 不離一念 ··· 118
非心非佛非物 ··· 125
金毛獅子가 뿔까지 났구나 ··· 131
一念未生前 소식 ··· 138
北山에 구름 이니 南山에 비가 온다 ··· 142
正法은 둘이 아니다 ··· 147
밖으로 다툼 없는 덕을 쌓아라 ··· 150
山처럼 움직이지 말라 ··· 155
圓明一物白玉珠 ··· 158
크게 죽는 사람이 크게 산다 ··· 161
남산북산 달빛이 고요하구나 ··· 167
눈 속에 오동나무꽃(桐華)이 활짝 피다 ··· 173

7. 戒說 ··· 181

고암대종사 수계산림 법문 ··· 182
目擊傳受 ··· 198
菩薩戒 ··· 203
國際菩薩戒 法語 ··· 206

8. 부처님오신날 법어 ··· 211

천상천하에 오직 한 분 ··· 212
불꽃에서 연꽃이 피어나리라 ··· 215
부처님 오시니 더욱 향기롭다 ··· 218
天下가 如來의 마음 ··· 221
世界平和 南北統一 祈願 ··· 223
산은 높고 물은 깊도다 ··· 227
一夢身 ··· 229
이웃을 살피는 마음이 부처님 마음 ··· 231
法身과 妙體는 볼 수 없다 ··· 234
태평양에 부처님 나투시었습니다 ··· 237
제주도에서 통일기원대법회 ··· 240
만년을 뻗쳐 있어도 늘 지금이라 ··· 242

9. 신년법어 ··· 245

家家新新太平歌 ··· 246
通萬法 歸一心 ··· 249
常寂光土 ··· 251
거울 앞에서 스스로 본다 ··· 253
去年去 今年來 ··· 256
色香味不染 ··· 258
今朝作日 ··· 261
부처님 국토가 이룩되길 ··· 264

10. 대기설법 ··· 267

雪嶽山 新興寺 重修佛事 落成 法語 ··· 268
佛國寺 復元佛事回向式 法語 ··· 271
異次頓 殉敎思想 宣揚 ··· 274
東明佛院 奉佛點眼式 ··· 276
軍法師 創團記念法會 法語 ··· 279
羅城 觀音寺 7週年記念 法語 ··· 282
대각사 범종불사 회향 법어 ··· 284

11. 열반절 및 성도절 법어 ··· 289

本無生死 ··· 290
龜毛兎角 ··· 293

어찌 부처의 얼굴을 알지 못하는가 … 297
부처되셨네 … 300

12. 제막 및 영결사 … 305

四溟大師 銅像 點眼式 … 306
靑潭大宗師 塔碑除幕 法語 … 308
陸英修女史 逝去 弔詞 … 309
陸英修女史 49齋 法語 … 311
朴正熙 大統領 逝去 弔詞 … 313
朴正熙 大統領 49齋 法語 … 315
香谷大宗師 永訣式 法語 … 318
京山大宗師 永訣式 法語 … 320
鏡峰大宗師 永訣式 法語 … 321
錫岩大宗師 49齋 法語 … 325

13. 대담과 노사의 가르침 … 329

염화실의 미소_曺五紘 … 330
실상을 바로 알자_宣元彬 … 343
진리를 찾아가는 길_釋性愚 … 348
고암대종사와의 대담_박종세(TBC) … 353
고암노사의 가르침_雪嶽霧山 … 358

14. 序 ··· 363

正本首楞嚴經 刊行序 ··· 364
정본수능엄경 간행서 번역 ··· 368
香峰禪師 隨筆集 序文 ··· 374
신편팔상록 서 ··· 376

15. 古庵宗正時 宗團秩 ··· 379

16. 碑文 ··· 385

고암대종사 비문 ··· 386

17. 古庵 門中秩 ··· 393

18. 法語錄 출간을 마치고 ··· 399

回想 ··· 400

1

古庵大宗師 行狀

古庵大宗師 行狀

👤 탄생

1899년(己亥 1세)

큰스님께서는 서기로 1899년 10월 5일 경기도 坡州郡 積城面 食峴里 425番地 양주윤씨(楊洲尹氏) 가문(家門)에서 탄생(誕生)하시었다. 부친은 연담거사(蓮潭居士) 양주윤공(楊州尹公) 문(炆)이시고 모친(母親)은 하동정씨(河東鄭氏) 원행(圓行)이셨다.

이름은 뜻志字 호걸豪字 지호(志豪)라 하였다. 큰스님을 잉태한 원행보살님은 항상 고시문(古詩文)을 읽기를 좋아하였고, 상한 음식 먹지 않고, 좋은 마음과 좋은 생각만 하고, 태몽은 산신령이 찾아와서 큰 소나무 한 그루 주고 갔다고 한다.

👤 출가(出家)와 수학(修學)

1906~1910년(7세에서 12세)

서당에서 한문공부와 더불어 사서삼경을 배움.

1910~1914년(11세에서 16세)

파주군 적성면 적성보통공민학교를 다님.

1914년(16세)

봄이 되어 하루는 도봉산에 갔다가 도봉암에서 한 스님을 만나고 거기서 불교의 가르침이 있다는 것을 알고 경전을 얻어 와서 읽으셨다.

1914년(16세)

서울 경성에 용성 큰스님이 훌륭한 가르침을 준다는 말을 듣고 무작정 서울로 상경하여 봉익동에 가셨다. 대각사를 창건하시고 전법하시는 용성대종사를 만나 뵌 후 법문을 듣고 나서는 출가 결심을 하셨다.

1917년(19세)

오래간만에 상경하여 용성선사를 뵙고 출가의 뜻을 말씀드리니 여기는 행자가 있을만한 곳이 아니다 하시고 양주(지금 서울 도봉구 수유리) 화계사(華溪寺)로 보내어 그곳에서 행자생활을 처음으로 하셨다.

1917년 9월 화계사에 있다가 해인사로 가고 싶은 생각이 들어서 용성대종사님께 말씀드리니 해인사 주지였던 당대의 대선지식이신 제산(霽山)대종사께 편지를 써주셔서 해인사로 가셨다.

득도(得度)와 수행(修行)

1917년(19세)

해인사에 가서 편지를 내 보이니 제산 큰스님은 빙그레 웃으시면서 수행 잘해 보거라 하시었다. 큰스님을 시봉하다가 7월 제산 대종사님을 은사로 득도하셨다.

1919년(21세)

해인사 강원에서 사집과를 수학하시고, 1919년 3월 기미독립 만세운동에 참석하기 위해 서울 대각사에 올라오셨다. 그때 용성 대종사님은 이미 서대문 구치소에 구금된 상태였다. 스님은 큰스님을 면회하였는데 용성대종사님은 내 걱정은 하지 말고 열심히 수행하여 종사(宗事)를 맡으라 하시었다. 만세운동으로 전국이 혼란스럽고 국민은 거리로 나와 방방곡곡에서 만세를 불렀다. 이때 스님은 서울에서 용성스님의 뜻을 받들어 만세운동에 참가하여 은밀히 독립운동을 하시었다.

1920년 3월(22세)

해인사로 다시 내려오시어 해인강원 사집과 수료하시고 길을 떠났다. 시국은 너무 어수선하고 용성대종사님의 안위가 걱정이 되어 다시 대각사로 오시었다.

1922년 4월(24세)

용성대종사님은 1년 7개월 서대문 구치소에서 감옥 생활을 마치시고 해인사에 오시어 4월 1일 해인사에서 구족계를 설하시었다. 용성대종사를 전계 화상으로 구족계를 수지하셨다.

1923년(25세)

3월 용성대종사님의 분부로 만주 북간도 용정의 대각교당에 다녀 오셨다.

1923년(25세)

해인사 강원에 다시 사교과에 들어가 수학하시었다.

1925년(27세)

해인사 강원 대교과를 졸업하시고 은사가 있는 직지사 천불선원에 들어가서 정진하시었다.

1927년(29세)

하안거 해제 후 용성스님을 뵈러 서울 올라갔다가 스님의 분부로 다시 만주 용정과 하얼빈에 다녀오시었다. 그리고 통도사 극락선원에서 안거에 들어가셨다.

🧘 수법(受法)과 전법(傳法)

1930년(32세)

용성대종사님의 분부로 만주 용정대각교당을 다녀오시는 길에 안변 석왕사를 참배하시고, 다시 함흥을 거쳐서 신계사와 유점사에 가셨다. 유점사 강원에서 뜻하지 않게 강의 요청을 받고 1년여 가까이 강의를 하시고 다시 고봉스님이 오시니 강의를 맡기고, 나는 장안사를 보고 올 것이라 하시고는 내금강의 표훈사, 장안사, 마하연 등 여러 절을 참방하고 서울로 돌아오셨다.

1931년(33세)

일제 총독부에 의해 대각사가 재산을 압류 당하자 용성대종사님은 함안 화과원으로 가시고, 스님은 직지사 천불선원에서 은사이신 제산대종사를 2년간 모시고 안거하셨다.

1933년(35세)

통도사 극락선원에서 혜월선사를 모시고 안거하셨다.

1934년(36세)

내원사 천불선원에서 용성대종사를 모시고 안거 중 깨침을 얻고 오도송을 지으시니

回頭翻身開鐵壁

香水波花萬年春

落東逆流越西天

萬古風月自戲弄

머리를 돌이키고 몸을 뒤집어 철벽을 여니

향수바다의 파도 꽃이 만년의 봄이로다.

낙동강이 거슬러 흘러 서쪽 하늘을 넘어 가니

만고의 맑은 바람과 밝은 달이 스스로 희롱함이로다.

이렇게 오도송을 지으시니 용성선사께서 상언(祥彦)선사에게 전법게를 주시고 고암(古庵)이라는 당호(堂號)를 주시었다.

【※용성선사와의 문답 참조 p.52】

1935년(37세)

스님은 깨침이 있은 후 제방의 선지식을 찾아 보임(保任)의 시절을 보내시었다. 덕숭산 정혜선원 만공선사회상, 도봉산 망월선원 용성선사회상, 운문선원 용성선사회상, 오대산 상원선원 한암선사회상, 유점사, 표훈사, 마하연, 묘향산 보현사 등에서 25하안거를 성만하셨다.

1939년(41세)

해인사 선원 조실로 추대되어 수좌들을 제접하시었다.

1940년(42세)

2월 24일 용성대종사께서 열반하셨다는 소식을 듣고 급거 상경하여 형제들과 함께 다비를 맡아 5일장으로 봉행하시었다. 이때 왜경들이 대각교 중앙교당(대각사) 일주문을 지키고 사람들이 모여드는 것을 막아 몇몇 신도들과 제자들이 다비식을 조촐하게 봉행하셨다. 대각사는 회암스님이 주지를 맡으시고 스님은 다시 해인사로 내려가시었다.

1944년(46세)

해인사에서 대선사 법계를 품수하셨다.

1945년(47세)

해방되던 해 전라남도 3월 나주 다보선원의 선원장이 되시어 수좌들을 지도하시었다. 다보선원에서 해방을 맞으시어 기쁨을 나주 모든 불자들과 함께 하시었다고 한다. 그해 9월에 신도들에게 보살계를 설하시었다. 이후로 각처에서 스님에게 보살계를 설해줄 것을 요청하여 경향 각지에 보살계를 설하시게 되었다.

1950년(52세)

6·25 남북전쟁이 발발하여 한반도는 전쟁의 참화 속으로 빠져들어갔다. 이때 스님은 의연하게 나주 다보선원을 지키시었다. 스님의 일화가 하나 있다. 당시에 낮에는 국군과 경찰이 들이닥쳐 밥 지어 달라 하면 밥을 지어주고, 밤에는 인민군이 들이닥쳐

총을 겨누고 밥 지으라 하면 밥을 지어주고 하였다. 하루는 원주 스님이 스님께 이렇게 물었다고 한다. 도대체 선원장 스님은 "어느 편이십니까?" 스님 답하시길, "나는 사람 살리는 편이네. 알겠는가?" 하시었다고 한다.

1953년(55세)

3월 10일 해인사에서 대종사 법계 품수를 받았다.

이때 한국 불교는 홍역을 앓고 있었다. 1953~1963년간에는 6·25 한국전쟁이 끝나자 종단은 정화운동에 휩싸이게 된다. 비구들이 전국의 모든 사찰을 장악한 대처승들에게 나가 줄 것을 요구한 것이다. 처음에는 삼보사찰인 통도사, 해인사, 송광사를 요구하다가 이것이 관철되지 않자 비구들이 들고 일어난 것이다.

1955년(57세)

창원 성주사 주지로 취임하시었다.

1958년(60세)

1930년 열반하신 은사 제산대종사님의 본사인 직지사를 맡아 주지에 취임하시었다.

1962년(63세)

직지사 주지를 사임하시고 해인사 용탑선원으로 자리를 옮기시었다. 용탑선원 조실이 되시어 용성대종사님의 탑전을 지키시기로 마음먹으시었다. 그리고 용탑선원에 불사리탑을 조성하시고 석굴법당과 아미타삼존불상을 모시었다.

1967년(69세)

선찰대본산 범어사 조실, 범어사 금강계단 전계화상이 되시었다.

7월 27일, 대한불교조계종 3대 종정으로 추대되셨다. 종정을 하실 분들이 많은데 왜 내가 해야 하는가 하시면서 극구 사양하시었으나 당시 비상종회(해인사)에서 고암대종사를 적극 추대한 것이다.

1969년(71세)

직지사 조실로 추대되셨다.

9월, 재단법인 대각회 이사에 선임되셨다. 대각회는 대각사를 창건하신 용성대종사님의 유지를 받들고 그 사상을 널리 펴자는 뜻에서 이뤄진 것이다.

1970년(72세)

해인사 2대 방장으로 추대되어 종정과 방장, 중책을 맡으시었다.

1972년(74세)

7월 24일, 대한불교조계종 제4대 종정에 재추대되셨다. 당시에는 종단의 3대 과제인 도제(徒弟), 역경(譯經), 포교(布敎)였다. 그리고 불교 명절인 부처님 탄신절을 공휴일로 제정하는 것이 시급

한 일이기도 하였다. 스님은 당시 총무원장인 경산스님에게 이 일을 반드시 이뤄내도록 독촉하셨다.

1973년(75세)

설악산 신흥사 조실로 추대되셨다. 당시 신흥사 주지는 상좌(上佐)인 성준(聲準)스님이다.

1974년(76세)

1974년 3월, "부처님오신날" 한 달 정도 남겨놓고 석가탄신일이 공휴일로 문화공보부를 통하여 선포되었다. 전 종도의 숙원이었던 공휴일로 제정된 것이다. 이때 스님께서도 무척 기뻐하셨다. 그리고 담담히 한 말씀하시기를, "종단에는 할 일이 아직도 많다"고 하시었다.

🧘 떠나도 늘 그 자리에……

1976년(78세)

스님은 홀연히 종정사임을 하시고 일본 고려사, 청광사 등지에서 국제 보살계를 설하시었다. 일본 고려사와 보현사는 태현스님이 일본 교포들을 위하여 설립한 절이고, 청광사는 상좌(上佐)인 정원(淨園)스님이 창건한 절이다.

1977년(79세)

대각사 조실로 추대되셨다.

1978년(80세)

노구를 마다하지 않으시고 미국 하와이를 방문하시어 대원사에서 보살계를 설하시었다. 하와이 대원사는 스님이 종정 당시에 기 대원 상좌에게 분부하시어 대원사를 짓게 하시었다. 이어 L.A 관음사에서 국제 보살계를 설하시고 인도 성지순례와 구주(歐洲)를 두루 살펴보시고 돌아오시었다.

5월 6일, 종단에서는 제6대 종정으로 다시 추대되셨다. 5대 종정이시던 서옹(西翁)대종사님께서 갑자기 종정을 사임하시고 백양사로 내려가시어 원로회의와 종회에서 스님을 다시 추대하게 되었다.

대한민국 불교총연합회가 결성되어 연합회 회장에 추대되었

다.(당시에는 총연합회 회장은 조계종 종정이 당연직이었다)

1980년(82세)

대한민국 국토통일원 자문위원에 추대(대통령직속 국가기관)되셨다.

2월에 용성문도회 문장으로 추대되셨다.

미얀마, 태국, 인도 등 동남아 불교국가를 순방하시고 오시었다.

1981년(83세)

스님은 새해를 맞아 '나는 이제 너무 늙어 종사를 돌볼 수 없다.' 하시고 종정직을 사임하셨다.

1982년(84세)

종정 짐을 놓으시고 해인사 용탑과 부산 보타원, 서울 대각사, 설악산 신흥사에 주석하시면서 노구(老軀)에 때로는 보살계를 설하시기도 하시고, 또 미국이나 일본에 머물기도 하시었다.

1985년(87세)

7월 28일, 호주 불광사 주지 장산(上佐)이 초청하여 보살계를 설하시고 호주 불광사에서 5개월간 주석하시었다.

1986년(88세)

스님은 세수 구십을 바라보면서 대원에게 서울 대각사에서 법장(法杖)과 불자(拂子) 및 가사와 발우(鉢盂)를 신표로 전하시고, '학산

(鶴山)'이라는 법호와 다음의 전법게를 내려주셨다.

佛祖傳心法　불조가 전한 심법은
不識又不會　알지도 못하고 또한 알지도 못함이라.
趙州茶一味　조주의 차 맛이 일미이거니
南泉月正明　남전의 달이 정히 밝도다.

1987년(89세)

대각회 이사들의 요청을 받아들여 대각회 이사장직을 맡으시었다.

열반(涅槃)

1988년(90세)

세수 90, 무진년 양력 9월 14일 노구(老軀)를 무릅쓰고 한사람이라도 불계(佛戒)를 받을 이가 있으면 내가 찾아 가신다는 평소의 의지대로 미국 샌프란시스코에 있는 삼보사에 보살계를 설하기 위하여 찾아 가신 곳이 스님의 마지막 법문 길이었다. 스님의 몸은 연로(年老)하시어 몸은 쇠약하여지고 병세는 여의치 않았다. 10월 25일(음력. 9월 15일) 오후 8시경 많은 문도들이 모인 가운데 이연입적(怡然入寂) 하시었다.

오후 8시, 해인총림에 대종사님의 열반을 알리는 범종 108번이 울리니 가야산에 메아리쳤다.

다비(茶毘)

해인총림 관음전과 용탑선원 두 곳에 조문객을 받기 위하여 큰스님 영정을 안치하고 조문 받을 준비에 바빴다. 종단에서는 대한불교조계종 종단장으로 7일장을 선포하고 만반의 준비에 들어갔다. 서울에서 내려온 의현 총무원장 스님, 정대 종회의장 스님 등 종단의 중요 직책의 스님들이 다음날 속속 해인사로 모이고 장례준비를 숙의하였다. 당시 노태우 대통령이 조문하였으며, 국회의장 등 각 정당 대표와 종단 대표, 전국 도지사, 시장들의 조문과 조화가 도착하여 총림을 덮었다. 그리고 스님과 인연 있는 분들의 조문이 이어지고 조화와 조전들도 쌓여갔다.

영정이 모셔져 있는 관음전에서는 스님들의 금강경 독송과 산내암자 스님들, 제방의 선원과 강원 스님들도 모여와 독송을 하고 분향하였다. 서울 부산 각처에서 온 불자들의 흐느끼는 모습도 가끔 볼 수 있었다. 평소 자비보살로 이름나 있던 스님은 가진 것이라고는 법문 노트 몇 권과 염주, 주장자, 옷 한두 벌, 가사 한두 벌 정도가 전부였다. 무소유로 일관하신 청정한 수행의 표본이셨던 스님을 이제 뵙지 못한다는 마음에 문도들로 하여금 마음이 더 아파왔다.

7일이 되던 다비식 날에는 KBS, MBC, SBS 등 각 방송사들과 각 신문기자들과 불교신문 등 교계 언론사 및 국내외 각처에서 온 카메라맨들이 숲을 이루어 식장 주위를 에워싸고 조계종을 위시한 각 종단의 5천여 스님들과 3만여 불자들이 해인총림을 가득 메웠다. 문도들은 이제 은사스님의 마지막 가시는 길을 모신다는 생각에 모두가 숙연할 수밖에 없었고 불자들도 마찬가지였다.

　아침 10시 정각에 서른 세 번의 범종소리가 울리면서 다비식은 봉행되었다. 고불문(告佛文)에 이어 문도들을 시작으로 종단 중요 직책 스님들과 내빈의 순서로 영전에 분향과 헌화를 마치고 나서 성철 종정께서 '고암대종사 영전에 올리는 조사'를 올리고, 총무원장, 종회의장, 각 정당대표 문화체육부장관 등 한 시간 반 동안 엄숙히 봉행되었으며, 마지막으로 운구가 시작되었다. 해인총림 동구 밖으로 10리길을 인파로 가득 메우고 운구를 따르는 만장 또한 형형색색으로 숲을 이루었다. 스님의 법구는 애도 속에 가야산 서쪽 산 아래 연화대(蓮花臺) 다비장(茶毘場)에 오후 1시경 도착하였다. 모인 대중들의 '나무아미타불' 염불소리가 더욱 커지고 여기저기 흐느끼는 소리가 들렸다. 이제 스님의 법구를 모신 집에 불이 들어갔다. "스님 집에 불났습니다. 어서 나오십시오." 라고 세 번 외치니 금방 다비장은 울음바다로 변했다. 쌓인 장작들이 불꽃을 일으키면서 타오르고 붉은 연꽃이 불꽃으로 화하여 허공으로 사라진다. 만여 군중의 '나무아미타불' 염불소리가 가야산의 메아리가 되어 어디론가 사라지고 다시 이어지고 이렇게 하기를 시작도 끝도 없이 이어졌다. 이때 한줄기의 환한 오색 무지개 같은 빛이 가야산 정상 쪽을 덮었다. 사람들은 와~ 하는 탄성이 터져 나왔다. 모두 합장하였다. 이런 모습은 처음이고 또 오래 갔다. 한두 시간 여가 지난 후 사람들은 하나 둘씩 하산하기 시작했고 문도들과 지인들만이 남아 다비장을 지켰다.

다음날 아침 10시경에 다비장 잔불은 모두 사그라지고 문도들은 스님의 영롱한 사리를 수습하였다. 사리 무수과를 수습하여 일부는 가야산 서록(西麓) 스승이신 용성대종사 사리탑전 계하(階下)에 탑과 비를 조성하여 모시고, 일부는 설악산 신흥사 법당 옆 산록에 탑비를 세워 모시었다.

스님 노트의 법문 한 구절을 여기에 남긴다.

  부처님 가르침 멀리 있지 않다.
  戒律 잘 지키고 法에 어긋나지 않게 살라.
  古. 今. 凡. 聖과 地獄. 天堂 따로 없다.
  百草花香이 온천지에 가득 함이로다.

2

古庵大宗師 영전에

古庵大宗師 영전에

| 性徹(曹溪宗 宗正) |

伽倻에 月白하고 紅流에 水激하니
珍禽은 亂鳴하고 異獸는 闊步로다.
慈悲無限하니 化被九州하고
持戒淸淨하니 卓出三韓이로다.
重任宗正에 四衆이 瞻仰하고
一生傳戒에 萬人이 奉行이로다.
星飛斗牛하고 光呑大千하니
古之今之에 誰敢追隨리오.
忽來忽去兮여 須彌卓卓이요
一嚬一笑兮여 蒼海茫茫이로다.
擧手投足兮여 天高地厚하고
開口吐辭兮여 雷奔電擊이로다.

崑崙頂上에 獨足立하니
瑞雲이 滿空放五色이로다.

가야산에 달이 밝고 홍류에 물결치니
진기한 새는 어지러이 울고 이상한 짐승은 활보하는도다.
자비가 한없으니 교화가 온 세상을 덮고
계율이 청정하니 삼한에 뛰어나도다.
거듭 종정을 맡으니 사부대중이 우러러보고
일생토록 계율을 전하니 만인이 받들어 행하는도다.
별이 하늘 위에서 날고 빛은 대천세계를 삼키니
옛날이나 이제나 누가 감히 따르리오.
홀연히 왔다가 홀연히 감이여! 수미산 높고 높으며
한 번 찡그리고 한 번 웃음이여! 푸른 바다 넓고 넓도다.
손을 들고 발을 옮김이여! 하늘은 높고 땅은 두터우며
한 말을 토함이여! 뇌성이 빠르게 번개 치는도다.

곤륜산 정상에서 한 발로 섰으니
상서로운 구름이 하늘에 가득 차 오색 빛을 놓는도다.

佛紀 2532(1988)年 10月 29日(陰 9月 21日)
曹溪宗 宗正 性徹 和南

寂滅 古庵大宗師

| 崇山行願 |

天地를 밝히던 저 太陽이
北極의 氷山 밑 바다 속으로 잠기고
南極의 自由自在한 돌고래가
虛空을 날아 寂滅寶殿으로 들어갔네.

어찌하여 三世諸佛 보살들이
西山을 向하여 눈물 흘리며
六途衆生들이 一時에 다 같이
東山에 올라 춤을 추는고.

全 世界를 돌고 도시며
여러 가지 方便受用하시어
苦海衆生 위해
大光明의 길을 열어주셨네.

아~ 거룩하신 대자비의 大菩薩

항상 미소 지으시며 감싸 주시던

古庵大宗師 우리 큰스님

합장하옵고 축원하옵나니

不忘本誓 速還娑婆

再明大事 菩提群生하여 주시옵소서.

가야산 산 토끼가

언제 뿔이 났더냐

홍제동 石間水는

언제나 쫠쫠쫠

흘러만 가네.

佛紀 2532(1988)年 10月 29日(陰 9月 21日)
파리 달마사에서 崇山行願 焚香合掌

3

古庵大宗師 發願文

古庵大宗師 發願文

　十方世界 諸佛菩薩님께 至心으로 歸依하옵고 發願하오니 慈悲의 門을 여시고 度化의 相을 밝히시사 威神力으로 法界의 有緣無緣 衆生을 彼岸에 이르게 하소서.

　佛土에 나투신 世尊 能化는 三千大千世界에 慈悲光明입니다.

　하늘을 연 이래로 이 땅에는 성현이 출현하시고 烈士 忠節이 가득하고 반만 년을 지켜온 佛緣國土에는 부처님 마음속에 존재하지 않는 중생이 없습니다.

　國運이 融昌하고 국민이 和樂하며, 吉慶福樂이 重重하사 雨順風調하며, 四海가 和平하고 敎海法雲이 充滿케 하옵소서.

　三千大千法界에 常住하신 佛菩薩님의 能化가 두루하사, 衆生이 있는 곳마다 慈光이 가득하고 攝化가 圓滿하며, 이 땅에 佛日이 增輝하고 法輪이 常轉하고, 衆生의 罪障은 消滅되며, 부처님 위신력에 隨順하여 六道四生의 苦輪衆生이 大慈悲의 恩寵을 입게 하소서.

　모든 佛子들은 信心과 願力이 增進하여 三寶護持하고, 法界에

敎法을 弘布하여 世世生生에 부처님의 會上에 머물러 永劫不退轉하고, 아뇩다라삼먁삼보리를 얻게 하소서.

    南無 釋迦牟尼佛
    南無 釋迦牟尼佛
    南無 是我本師 釋迦牟尼佛

4

龍城禪師와의 問答

龍城禪師와의 問答

1934년 음 6월 5일 (36세시)

내원사 천불선원에서 용성대종사를 조실로 모시고 벌써 2년째 두문불출 안거 중이었다. 나는 용맹정진에 들어간 지 벌써 2년이 다 되어 간다. 내가 출가한 지가 벌써 15년도 넘었는데 어찌 이렇게 의심을 안고만 살겠는가. 이번에는 반드시 결단을 내고 말리라. 내 생애에서 이번 철에 깨닫지 못한다면 어찌 하늘에 머리를 두고 살리. 묵언(默言)과 장좌불와(長座不臥) 아침 죽 한 그릇과 오후 불식하면서 용맹정진을 하였다. 한 달이 지나서는 걷거나, 앉아 있거나, 밥 먹거나 화장실 갈 때에도 흔들림 없이 오직 화두가 일여하게 되어 갔다. 이 뭣고? 이 몸을 움직이고, 이 몸이 태어나고 죽는 이놈은 무엇인가? 하는 의심덩어리가 더욱 단단해지고 대의단이 커지고 커져갔다. 6월 5일 정오를 넘어서 밥 먹는 일조차 잃어버리고 앉아 있는데, 마침 소나기가 내리면서 천둥소리가 쾅쾅 우지끈하고 천지가 뒤흔들리었다. 이때 찰나에 마음이 밝아져서

| 용성선사와의 문답 |

온몸이 가벼워지고 천지가 온통 광명으로 비추는 듯 밝아져 과거 현재 모두가 눈으로 보는 듯 또렷하였다.

얼굴빛이 밝고 청명하여지는 것을 느꼈다. 문을 박차고 나오니 용성선사가 보시고는 이렇게 물으시었다.

"심요(心要)를 얻은 바가 있는가?"

나는 용성선사께 여쭈었다. "금강경은 모두 공리(空理)입니까?"

용성선사 답하시길, "반야(般若)의 공리(空理)는 정안(正眼)으로만 보느니라." 하시면서 "조주 무(無)자 십종병에 걸리지 않으려면 어찌해야 하는가?" 하고 물으시었다.

답하길, "但行劍上路라. 다만 칼 위를 걸어갑니다." 하였다.

선사께서 다시 물으시었다.

"世尊拈花 微笑消息의 意旨如何

세존의 염화미소 소식이 무슨 뜻인가?"

나는 답하기를,

"獅子窟中 別無異獸

사자굴 가운데 다른 짐승이 없습니다."

용성선사께서 다시 물으시었다.

"육조대사께서 이르시길, 비풍번동(非風幡動)이라 하였는데 그대 뜻은 어떠한가?"

나는 자리에서 일어나 삼배를 올리고,

"天高地厚, 하늘은 높고 땅은 두텁습니다." 하였다.

나는 다시 여쭈었다. "선사님의 가풍은 어떤 것입니까?"

용성선사 답하시길, "주장삼하(拄杖三下)이니라. 그대는 어떤가?"

"저도 또한 주장삼하(拄杖三下)입니다." 하였다.

이때 노사는 껄껄 웃으시면서,

"만고풍월(萬古風月)이로다." 하시었다.

나는 그 자리에서 다음과 같이 오도송을 지어 용성대종사께 올렸다.

    回頭翻身開鐵壁
    香水波花萬年春
    落東逆流越西天
    萬古風月自戱弄
    머리를 돌이키고 몸을 뒤쳐 철벽을 여니
    향수바다 파도꽃이 만년의 봄이로다.
    낙동강이 역류하여 서쪽 하늘을 넘어 가니
    만고풍월을 스스로 희롱함이로다.

이렇게 게송을 올리니, 이때 용성선사께서는 "선재선재라." 하시고 게송을 주시었다.

    萬古風月知音者誰
    古庵獨對風月萬古로다.
    만고에 풍월을 아는 자가 누구런가.
    고암을 홀로 대하니 풍월이 만고로다 하시었다.

다시 용성선사께서 게송을 읊으시었다.

    佛祖元不會
    掉頭吾不知
    雲門胡餅團
    鎭州蘿菊長
    부처와 조사도 원래 알지 못하고
    나도 또한 알지 못함이라.
    운문의 호떡은 둥글고
    진주의 무는 길기도 하다.

라는 전법게를 내려주시고 古庵堂이라는 당호를 내려 주시었다.

5

宗正 就任 法語

第3代 宗正 就任 法語

(拈 拄杖子三下하시고 이르시기를)

淸淨摩尼映五色하니
隨方各現滿虛空이라
圓覺本性現身心하니
隨類各應如是相이라.
청정한 마니주가 영롱한 오색을 발하니
방향 따라 각각 허공에 가득 나타남이라.
원만한 깨달음의 근본이 몸과 마음에
중류(衆流)에 각각 응하니 이와 같은 상(相)이라.

산승이 이 중차대한 시기에 종단의 중책을 맡아 걱정이 앞섭니다. 그러나 누군가가 맡아 해야 할 일이기 때문에 종단 안정과 부처님 가르침의 엄중함을 생각하면 어찌 소홀히 할 수 있겠습니까.

우리나라에 불교가 들어온 지 이제 1700여 년이 되었습니다. 부처님의 자비가 세상을 비추고 이 땅에 사는 중생들이 부처님의 도화가 무진하여 찬란한 문화와 역사를 지어 왔습니다. 억압받는 백성들이 많은 고통 속에 살아왔습니다만 그래도 부처님의 은총 속에 살고 있습니다.

되돌아보면 수많은 굴곡의 역사 속에 부처님의 가르침은 면면히 끊어지지 않고 이어져 왔습니다. 이제 정화도 이루어가고 청정승가상을 이어가는 것이 우리 종단의 목표입니다. 청정승가만이 세상을 구할 수 있습니다. 우리 종단의 목표인 도제(徒弟), 역경(譯經), 포교(布敎)를 앞으로도 열심히 해나가면 부처님 가르침을 이 땅에서 구현할 수 있다고 봅니다.

전국 불교도 여러분! 국민 여러분!
지난 세월은 불교가 새로워지기 위한 아픔이었다고 보시고 이제 조계종단의 일신한 모습을 지켜 봐주시길 바랍니다. 불교도는 이제 나도 어렵지만 항상 이웃을 배려하고, 아끼는 마음으로 자비를 실천하고, 항상 부처님 가르침을 잊지 말고 정진하여 갑시다.
그리고 조국의 남북평화 통일과 인류의 삶이 행복해질 수 있도록 부처님께 기도합시다.
부처님은 항상 중생을 가엾이 여기시며 지혜를 주시고 희망을 열어 주실 것입니다. 우리 불자들이 하는 일마다 모두가 불사가 되게 하고 공양이 되게 하는 것이 우리들이 해야 할 소임이며 가르침을 실행하는 수행정신이라 믿습니다. 백척간두(百尺竿頭)에서 진일보(進一步)하라 했습니다. 그러한 정신이라면 반드시 번영된 조국을 이룩할 수 있으리라 믿습니다.

산승은 항상 여러분들과 함께 나라 발전과 불교 발전에 노력할 것입니다.

　　願興慈悲我等輩
　　末世衆生設方便
　　五體投地無盡拜
　　世尊應化示現世
　　원컨대 저희들을 위하사 자비를 일으키시고
　　말세 중생을 위하여 방편을 베풀어 주소서.
　　오체투지 절하옵고 절하옵나니
　　세존이시여! 이 세상에 시현하소서.

(주장자 삼하하시고 단에서 내려오시다.)

　　　　　　　　　　　　　　佛紀 2511(1967)年 7月 27日
　　　　　　　　　　　　　　曹溪寺 大雄殿

第4代 宗正 就任 法語

陞座 拄杖三下 云
(법상 위에 올라 묵연히 앉았다가 주장자를 세 번 치고 이르시기를)

會麼
아시겠습니까?

倒却門前刹竿著하면
心淨國土淨하리라.
문 앞에 깃대를 부러뜨려 없애면
마음이 깨끗하고 세계도 깨끗하리라.

今日大衆還知
若不知인댄 且道하리라.
금일 대중은 아시겠습니까?

만약 알지 못할진대 또 이르리라.

拄杖一下 云
(주장자를 한 번 치고 이르시되)

分明月上長珊瑚
一段風光爍太虛
大地衆生同受用
如來藏裏本來無
밝은 달 위에 산호가 펼쳐있으니
일단(一段)의 풍광이 허공에 빛나도다.
모든 중생이 한 가지로 받아씀으로
여래장 속에는 본래 없는 것이니라.

僧問雲門
如何是 諸佛出身處인가
雲門云하사대
東山水上行이다.
古庵卽不然이면
若有人問 如何是 諸佛出身處인가
但向伊道인되
遠離洪井 深入寶山이로다.
大衆且道하라. 是同是別인가.

忽有箇衲僧出來云하니

這裏是什麼所在하야 設同設別 也難得이니라.

어떤 스님이 운문스님에게 묻되,

"어떤 것이 모든 부처님이 오신 곳입니까?"

운문스님이 답하시되,

"동산이 물 위로 간다."

금일 고암은 그렇게 답하지 않겠다.

만약 어떤 사람이 묻기를, "어떤 것이 모든 부처님이 나오신 곳입니까?" 한다면

다만 저 사람에게 이르되,

| 종정추대식 |

"멀리 넓은 샘을 여의었고 깊이 보배산에 들어감이로다."
할 것이다.

대중은 말해 보시오. 운문과 같습니까? 다릅니까?

갑자기 어떤 스님이 나와서 이르되,

"저 속에 무엇이 있길래 같고 다른 것을 말합니까? 얻기 어렵습니다."

須是實到這田地始得
若未到 且不得草草 轉身一句作 麽生道

모름지기 실지로 저 땅에 이르러야만 비로소 얻을 것이나
만약 여기에 이르지 못하면 또한 부득이 걱정하는 마음으로 몸을 굴려내는 일구(一句)를 말하리니 이것은 어떤 도(道)인가?

오늘 우리들은 단절됐던 남북 간의 대화를 통해 민족통일이라는 큰 과업 앞에 마주섰습니다. 민족통일의 명령입니다. 이때를 당해서 우리들은 사상과 이념의 벽을 허물어버리고 무아의 세계로 돌아간다면 심정국토정(心淨國土淨)을 이루며 나라와 세계가 태평하다는 경의 말씀을 생각하게 됩니다.

개개인의 마음이 청정하고 자기의 할 일을 열심히 한다면 이는 곧 사람과 국토가 청정해진다는 말씀입니다. 그리고 이번 수해를 당해서 이웃에 대한 나눔을 실천하여 외롭지 않게 하는 것과 밤을 새워가며 복구 작업에 온 국민이 솔선해서 헌신하고 있는 이러한 마음이 하나로 뭉친다면 어떠한 분단의 장벽도 어렵지 않게

무너뜨릴 수 있을 것입니다.

　남북회담에 우리의 기대가 꼭 이뤄지기를 바라는 마음입니다. 동시에 여기에는 역사와 사명감과 이를 주도할 방편이 끊임없이 연마되어야 하는 것입니다. 이런 점에서 본인은 거듭 불자 여러분의 새로운 정진을 부탁합니다. 또한 종무당국은 종무수행을 통하여 이를 구현하도록 각별한 유념을 부탁합니다.

　이로써 우리는 이 땅 위에서 광명정토를 이룩하고 영원한 진리의 구현을 통하여 부처님의 크나큰 은혜에 보답할 것을 굳게 서원하고 우리의 정진력을 바칩니다.

　끝으로 여러분과 함께 이 모임을 갖게 하신 부처님의 은혜에 감사하면서 조국의 평화 번영과 수일 내에 개최될 남북적십자회담의 성공을 기원하며 아울러 북한 동포에게 부처님의 자비하신 가피력이 드리워지기 바랍니다. 그리고 내외국민 여러분! 사부대중 여러분을 위해 깊이 부처님의 자비광명이 함께 하시길 빕니다.

　拈起 拄杖一打 云
　(주장자를 일으켜 세우시고 말씀하시길)

　　白頭山이 嵬嵬하고
　　東海水는 蒼蒼하다
　　喝
　　백두산이 높고 높으며

동해 바닷물은 푸르고 푸르도다.

억!

拄杖三下 下座
(주장자 세 번 치시고 하좌하시다.)

佛紀 2516(1972)年 7月 24日
曹溪寺

第6代 宗正 就任 法語

(주장자를 들어 원이삼점∴ 하시고 다시 삼하시다.)

天不能盖요
地不能載라.
이 도리는 하늘이 능히 덮지 못하고
땅이 능히 싣지 못합니다.

부처님은 하늘이 열리기 이전에 있었고
땅이 열리기 전에 이미 계셨습니다.

부처님께 참회합니다.
불도 여러분들께 머리 숙여 참회합니다.
국민들께도 참회드립니다.

이 노옹(老翁)이 또 나왔습니다. 잘못된 일입니다. 서옹(西翁) 종정 스님께서 산중으로 다시 들어가시니, 종도들의 간청에 의하여 제가 또 나왔으니 잘못된 일입니다. 나도 80이 넘어 이제 아무것도 할 수 없습니다. 늙은 사람이 무엇을 하겠습니까. 이제 우리 모두 부처님 앞에 죄인이 되었으니 참회하여 나부터 부처님의 가르침으로 바로 돌아가서 이 종단을 모든 불자들과 국민이 바라볼 때 참 잘하신다는 말 들을 때까지 그렇게 정진하기 바랍니다.

세상이 말법시대라고는 하나 불법은 바로 여러분 앞에 있고 여러분의 손안에 있습니다. 정도불멸(正道不滅)이라. 바른 도리는 절대로 멸하는 것이 아니라 바른 도리는 언제나 바르게 돌아갑니다. 일을 바르게 하면 바르게 돌아가는 것이며, 일을 바르게 하지 않으면 언젠가는 바르게 돌아가지 않습니다. 조계종단은 한마음

| 제6대 종정 법어 |

으로 돌아가야 합니다. 서로 양보해야 합니다. 자신도 잊고 오직 수행정신으로 돌아가서 불법을 살리려고만 한다면 곧 바르게 설 것입니다. 불교 전래 1700년이 되었으나 멸하지는 않았습니다. 면면히 이어져 왔습니다. 옛 선사님들의 수행 가풍을 이어서 종풍을 드날려야 합니다.

가득하면 더 담지 못할 것이요.
비우면 무엇이라도 채울 수 있습니다.
그래서 비우고 비우고 또 비워야 합니다.

오늘 여러 종단의 원로 수장님들께서 함께 자리를 하시고, 문화공보부 장관 그리고 여러 중책을 맡으신 분들께서도 자리를 빛내 주시었습니다. 수많은 불자님들도 자리를 함께 하였습니다. 감사드립니다.

佛紀 2522(1978)年 5月 6日
曹溪寺 大雄殿

【편집자 주】 종단에서는 6대 종정 2여 년을 역임하셨지만 기록하지 않는다. 이유는 잘 모르겠지만 당시에 종단이 둘이 되었다. 소위 한 종도들이 개운사에 총무원 간판을 걸면서 일어난 사건이다. 종정 취임을 하고 종단분규가 종식될 즈음, 스님은 자리를 내놓고 해인사로 내려가시었다. 그 후임으로 성철대종사를 종정으로 옹립하였다.

6

上堂法語

光明이 太虛를 비춘다

拄杖三下 云
(주장자로 세 번 치시고)

會麽
아시겠습니까?

 대저 참선을 하여 깨침을 얻고자 한다면 반드시 대신심과 대의심, 대분심이 있어야 합니다.
 화엄회상에서 선재동자가 53선지식을 참배하고 무상과를 얻은 것도 반드시 깨달을 수 있다는 믿음입니다. 법화회상에서 8세 용녀가 남방의 무구세계로 가서 부처님께 구슬을 바치고 성불한 것도 믿음이 있기 때문입니다.
 또 열반회상에서 광액도아(廣額屠兒)가 부처님 법문을 듣고 하는 말이 "아~ 나도 성불할 수 있다" 하면서 도살의 칼을 놓고 말하길, "나도 이젠 천불 가운데 한 부처이다"라고 외치고는 성불했습니다.

또 아나율이 부처님의 꾸짖음을 듣고 대분심을 일으켜 칠일칠야 동안 잠을 자지 않아 두 눈을 잃고 정진한 끝에 삼천대천세계를 마치 손바닥 보듯 한 것도 성불이 있다는 믿음 때문이었습니다.

여러분들은 큰 믿음, 큰 분심이 있습니까? 공부란 이와 같이 믿음과 분심과 의심이 있어야 합니다. 그리고 의단이 역력하고 성성하여 이생에서 한번 꼭 해봐야겠다는 큰 의지력이 있어야 반드시 해낼 수 있습니다.

만약 오늘도 이럭저럭 내일도 이럭저럭 허송세월을 보낸다면 참선하는 의미도 없고 시은(施恩)만 짓는 것이니 이번 하안거 때는 반드시 해내고야 만다는 결의가 필요합니다.

고봉스님이 말씀하셨습니다.

> 切須猛烈英雄은
> 直要翻身跳出이니
> 若還一念遲疑인댄
> 佛亦救你不得하리라.
> 간절하고 용맹한 영웅이라면
> 바로 몸을 뒤쳐 뛰어나기를 요할지니
> 만약 도리어 한 생각이라도 머뭇거리고 의심한다면
> 부처님도 또한 그대들을 구해내지 못하리라.

이 한 철 분심을 내어 어렵다거나 쉽다거나 하는 생각을 일으키지 말고 정진 또 정진하시기 바랍니다.

黃檗云 汝等諸人은 盡是酒糟漢이라 恁行脚하면 何處有今日이리요.

황벽스님이 말씀하시기를, '그대들은 모두가 술지게미나 먹고 참 술을 마시고 취한 듯이 흉내내는 녀석들이다. 이렇게 수행하는 사람이 언제 불법을 체득할 수가 있겠는가?'

참선 흉내만 내서는 언제 깨달을 수 있겠습니까? 우리 해인사는 역대로 선지식이 많이 나온 총림이니 여러분들은 여기서 반드

| 해인사 |

시 해낸다는 의지가 필요합니다.

'주조한(酒糟漢)'이라는 말은 월주(越州) 지방의 사람들이 술지게미를 먹는 사람들이란 말입니다. 후에 사람들을 욕하는 말로 썼습니다. '참(眞) 술을 마시지도 못하고 술지게미나 먹는 주제'란 말로 썼습니다. 술은 먹지도 않고 취한 행세를 한다는 뜻입니다. 선방에서 선은 하지 않고 선 하는 체하고 선사 노릇하는 것은 요즘 선방 수좌들이나 옛날 선방 수좌들이 공부하지 않는 것을 경책하는 말이니 잘 알아듣고 공부를 잘 지어가야 합니다.

「起信論」에 이르기를,
一切境界가 唯依妄念하야 而有差別하니 若離心念하면 則無一切境界之相이라.

『기신론』에서 말씀하시기를 일체의 경계가 오직 망념에 의지하여 차별이 생기니, 만약 망념을 여의면 곧 일체 경계의 허상들이 없어진다.

依標取物이요
依指觀月이니
月不是指요
標不是物이니라.
표식을 의지하여 사물을 취하고

손가락을 의지하여 달을 보는 것이니,
달은 손가락이 아니며
표지는 사물이 아니니라.

만약 여러분들이 달을 보고자 할진대 이 한 마디에 바로 계합해야 합니다.

有相有求俱是妄이요
無見無形墮偏枯로다.
密密堂堂何會間이리오
一道佛光輝太虛로다.
경계가 있고 구함이 있음은 모두 허망됨이요
볼 것도 없고 형상도 없다 한다면 편견에 떨어짐이로다.
밀밀(密密)하고 당당(堂堂)하면 어찌 틈이 있겠는가
한 줄기 부처님 광명이 태허에 빛나도다.

佛紀 2515(1971)年
海印叢林 夏安居 中 法語

산하대지가 한 송이 눈

上堂 拈拄杖三下 云

(스님께서 법상에 올라 주장자를 드시고 법상을 세 번 치시고 이르시기를)

山河大地一片雪이
紅輪一照便無踪이라
自此不疑諸佛祖니
更無南北與東西이라.
산하대지에 한 송이 눈이 오니
태양이 한 번 비춤에 자취 없구나.
이로부터는 모든 불조를 의심치 않으니
다시 남북동서가 어디 있으랴.

이어서 말씀하시기를, 여인등산(如人登山)에 각자노력(各自努力)이니라. 산에 오르는 자는 각자가 노력하는 것이니라. 다른 사람이 해줄 수 있는 것은 없습니다.

주장자를 번쩍 드시고, 여기에 이르러서는 본래 결제도 없거니 어디서 해제를 할 것인가?

다시 법상을 세 번 치시고 말씀하셨습니다.

會麼
알겠는가?

산간(山間)에 명월(明月)이요,
강상(江上)에 청풍(淸風)이로다.

이제 대중(大衆)은 90일 대한(大限)을 정하여 참선하여 반이 지나고 강원에서는 경학 공부하기를 반결제가 지났으니 한 소식도 이제 이를 때가 되지 않았는가. 자 한 번 일러 보라.

(잠시 양구하시다가 말씀하시었다.)

참선 학도뿐 아니라 일체 중생은 귀천과 남녀노소와 이둔고하(利鈍高下)를 막론하고 모두 부처의 지혜를 갖추고 있습니다. 마음과 부처와 중생은 그 명상(名相)이 다를 뿐, 근원은 똑같아서 평등하고 원융합니다. 그러나 불조(佛祖)와 선지식과

납자(衲子)들의 깨치고 증득함에 더디고, 빠르고, 어렵고, 쉽고, 깊고, 옅음이 있는 것은 무량겁을 두고, 닦고 익혀온 그 원력과 업력이 다르기 때문입니다. 그렇긴 해도 오늘 용맹심이 있다면 억겁의 망진이 다해서 경계에 이르리라.

어떤 이는 언하에 깨치고, 어떤 이는 하루 안에 눈을 뜨고, 또 어떤 이는 며칠, 혹은 몇 달, 몇 년 만에 깨닫게 됩니다. 그러나 허다히 죽을 때까지도 못 깨친 채 금생을 마치고 말기도 합니다.
　공부를 철저히 하지 않아서 그렇습니다. 참선이란 의심해 가고 의심해 오면서 의단이 견고하여, 밥 먹는 것도 잊고 잠자는 것도 잊고, 남이 보면 어수룩한 것처럼 보이며, 오직 의심덩어리 하나 타파하는 것이니 이것을 못하면 방석을 열 개, 백 개를 해지게 한다고 하여도 소용없습니다. 이 어찌 안타깝고 애석한 일이 아니겠습니까.
　그래도 다행히 금생에 부처님 법을 만났으면서도 닦지 않고 게을리 허송세월하여 낙오하면 다시는 더 기약할 수 없을 것이니, 이번 동안거 때 결단을 낼 의욕을 가져야 합니다. 분발하고 분발할 일입니다. 금생에 이 일을 이루지 못하고 다시 어느 생을 기약할 것입니까? 만약 내일로 미룬다면 염라왕은 이 사람을 잡아다가 염마옥(焰魔獄)에 가두고 말 것입니다.

　자 일러 보라!
　이 한 물건이 무엇인고?

추우면 춥다고 하고 더우면 덥다고 하느니라.

이는 천지가 나누어지기 이전의 소식이며, 음양이 나누어지기 이전의 소식이니라. 부처님 법은 참으로 오묘하여 오직 눈 밝은 자만이 알 수 있습니다.

喜事現前也好吐笑요.
悲事現前也悲涕淚라.
기쁜 일이 있으면 실컷 웃고
슬픈 일이 있으면 또한 슬피 우느니라.

自少來來去遠方하다가
幾廻伽倻渡落東고
一朝踏着古鄕路하니
始知途中日月長이로다
어릴 적부터 이리저리 먼 곳 돌아다니다가
몇 번이나 가야산을 돌고 낙동강을 건넜던가.
하루아침에 고향땅을 밟으니
비로소 도중에 긴 세월이 지나간 것을 알았노라.

공부하는 사람은 작은 이익으로 큰 것을 저버려서는 안 됩니다. 작은 이익이란 공부를 저버림이요, 큰 것이란 참선하여 깨치는 것입니다.

『법화경』에 '마치 어린 아들이 아버지를 버리고 멀리 달아나서 여기저기 떠돌아다니다가 겨우 부모의 집에 도착하였으나, 진정 자신의 집인 줄을 모르고, 장자가 바로 자신의 아버지인 줄도 모르는 것'과 같습니다. 이제 고향을 찾아가서 부모님의 진정한 가르침을 받아서 출세해야 하는데, 똥거름이나 치우는 불쌍한 처지가 되었으니 이는 과연 누구인가?

몇 번이나 我人의 山을 돌아왔으며
몇 번이나 恩愛의 물속을 출몰했는가.
홀연히 참 가르침을 만났으니
이제 고향 밟을 일만 남았구나.

(주장자 삼하하시고 법상에서 내려오시다.)

佛紀 2515(1971)年
海印叢林 冬結制 中 法語

기러기는 하늘에서 운다

拄杖三下 云
(주장자를 세 번 치시고 말씀하시기를)

衆流歸海同一味
모든 물이 바다로 돌아가면 오직 한맛입니다.

참선하고 도(道) 배움은 무엇을 구함인가?
만 가지 반연을 쓸어버리고 마음이라고 하는 것까지 잊어버리면 산하대지, 삼라만상, 두두물물이 그대로 천진면목(天眞面目)입니다.

달마조사께서 하루는 법문을 하시는데 "각기 아는 소견을 말해 보아라." 하시니 도부상인(道副上人)이 말하되, "문자를 세우지도 않고 문자를 여의지 않는 것으로써 도(道)를 삼습니다." 조사께서 말씀하시기를, "너는 나의 가죽을 얻었다." 하시니 비구니 총지는 말하되, "아촉불국을 본 것과 같이 알았습니다." 조사 말씀하시되, "너는 나의 살을 얻었다." 하시고, 혜가대사가 나와 세 번의 절을 올리니 "너는 나의 골수를 얻었다." 하시며 가사와 발우를 주시어 법을 전하셨습니다.

올여름 제방에서 구순 안거 정진하신 스님들과 세상 누구나 본분 참구의 길을 가던 여러분은 각기 머리 돌려 점검하여 보시기 바랍니다. 가죽, 살, 뼈 소식은 그만두고 세 번 절하고 있으매 법을 전한 것을 어떻게 일러볼 것인가.

(주장자로 법상을 세 번 치고 말씀하시되)

白鴻浮水
黑雁唳天
흰 기러기는 물 위에 놀고
검은 기러기는 하늘에서 우는구나.

幾年出沒東西海하야
今日回船還本鄉하니
只伊胎悅斷形言하야
微笑相逢賓主情이로다.
몇 해를 동서 바다에서 들고 났던가
오늘 배를 돌이켜 본 고향에 돌아오니

참으로 이 기쁨을 어찌 형언할 수 있을까
미소 짓고 서로 만나니 손님과 주인 옛정이로다.

구순 중에 일체의 외출을 금하고, 높은 고봉산 중 절벽 가운데 서 있는 소나무처럼 꼿꼿하게 하고 마음은 간절하고도 간절하게 하여 화두를 잡고 정진한다면 그래도 참선하는 수좌라 할 것이며, 또 초롱 등불 아래에 앉아 경학에 몰두하는 학인도 마치 선비같이 단정히 앉아 졸지 말아야 합니다.

이 시간에 전국의 총림 선원과 전국의 강원과 전국의 율원에서 오늘부터 결제에 들어가면 3개월간 일절 출입 없이 생사대사를 해결하려는 마음이 있어야 합니다. 지난 안거에도 이럭저럭, 이번 안거도 이럭저럭 보낸다면 출가의 본뜻을 얻지 못할뿐더러 출가한 보람도 없습니다. 시은(施恩)만 잔뜩 짊어지고 죽으면 갈 곳이 어딘가 하면 철위산중 화탕천(火湯川)이라 합니다.

공부하는 사람은 결제와 해제가 따로 없지만, 결제는 결제이니 모름지기 행주좌와 어묵동정에, 수좌는 수좌의 본분사를 해결할 의지를 갖고, 강원 학인들은 부처님 말씀의 골수를 얻으려는 각오가 있어야 합니다.

圓明一物白玉珠
到處應現光燦爛
動用翻興無價珍
知君利物無間斷

백옥의 구슬이 둥글고 밝아

도처에 나타나니 광채가 찬란하도다.

움직여 쓰고 뒤쳐 쓰니 무가보구나

그대는 아는가. 중생을 이롭게 함이 끊임없구나.

打床三下
(주장자를 세 번 치시고는 말씀하시되)

會麼
아시겠습니까?

(하시고는 법상에서 내려오시다.)

佛紀 2515(1971)年
海印叢林 冬結制 法語

바닷속 진흙소는 달을 물고 달아나고

上堂 拄杖三下 云
(상당하시어 주장자로 법상을 세 번 치시고 이르시기를)

這箇道理는 千聖不傳이라
時會大衆에 有道得者否아.
이 도리는 천성인도 전해주지 못하느니라.
여기 모인 대중 가운데 말할 수 있는 자가 있는가?

(대중이 아무 말이 없자 다시 이르셨다.)

夜來杜鵑聲이오
日出嬰兒吟이로다.
밤이 되니 두견이 울고
낮이 되니 아기가 울도다.

고봉화상께서 『선요』에서 한 말씀하시기를,

 海底泥牛含月走하고
 巖前石虎抱兒眠이로다
 鐵蛇鑽入金剛眼하니
 崑崙騎象鷺鶿牽이라.
 바다 밑 진흙소는 달을 물고 달아나고
 바위 앞 돌호랑이는 아이 안고 졸더라.
 쇠뱀이 금강눈을 뚫고 들어가고
 곤륜산이 코끼리를 타니 해오라기가 끌더라.

 此四句內에 能有殺活하고
 能從能奪하는 有一句하니
 若檢點得出일진대는
 許與一生參學畢하리라.
 여기 사구 가운데 능히 살리기도 하고, 능히 죽이기도 하며
 놓기도 하고, 뺏기도 하는 일구(一句)가 있으니
 만약 점검해 낸다면
 내가 그대들의 일생 동안 공부 잘해 마쳤다고 말하리라.

여기에는 활구가 있습니다. 말씀대로 능히 살리기도 하고, 죽이기도 할 수 있는 활구라는 말입니다.
 자, 누구 여기에 일구(一句)를 점검해 낼 사람 없습니까?

대중이 말이 없자 스님께서 이르시기를,

晉陽多甘枾이요
尙州産蘿蔔이로다.
진양엔 단감이 많이 나고
상주엔 무가 난다.

참선이란 좌복에 앉아서 시간을 보내는 것이 아니며, 염불도 아니고, 주력 또한 아니며, 오직 화두를 성성히 챙겨 행주좌와 어묵동정에 일여해야 합니다.

『대장엄법경(大莊嚴法經)』에 이르기를 '보살은 단각자심(但覺自心)이라', 다만 스스로 자신의 마음을 깨치는 것이라 했습니다. 무슨 까닭인가. 자기 자심을 깨달으면 일체 중생의 마음을 깨닫는 것이요, 일체 중생의 마음은 오직 내 마음 속에 있음을 알아야 합니다. '만약 자심이 청정하면 일체 중생심이 청정함이니라.'고 한 『화엄경』의 말씀과도 같습니다.

자심의 체성(體性)이 곧 일체 중생의 체성(體性)이기 때문입니다.
자심에 때를 여의면(離垢) 일체 중생이 때를 여읨이요(離垢)
자심에 탐심을 여의면(離貪) 일체 중생이 탐심을 여읨이요(離貪)
자심에 번뇌를 여의면(離瞋) 일체 중생이 번뇌를 여읨이요(離瞋)
자심에 어리석음을 여의면(離癡) 일체 중생이 어리석음을 여의나니(離癡)

| 해인사 퇴설당 |

이와 같은 사람이라야 일체지(一切智)를 깨달은 자라고 하겠습니다.

시회대중과 외호하시는 영산회원 여러분이 해인총림에 모여서 구순(九旬)하안거 결제함은 참선 정진하여 견성오도할 목적입니다. 그러려면 화두공안(話頭公案)을 참구하여 조사관을 투득하여야 합니다.

어느 날 한 스님이 조주스님에게 이렇게 물었습니다.
"개(狗子)도 불성이 있습니까?"

조주스님이 답하여 말하였습니다.

"무(無)."

이 조주 무(無)자는 활구입니다. 살아 나오는 문(門)이라. 무(無)자는 금강봉을 가져다가 쳐도 깨뜨리기 어렵고, 대추방망이로 쳐도 깨뜨리기 어렵다는 말입니다.

또 임제선사께서 말씀하시기를, "유일무위진인(唯一無位眞人)이라, 즉 오직 무위의 진인이 있는데 너의 면전에 출입 자재함이라." 했습니다.

이 화두에 깨친 사람을 말한다면, 옛날에 중국 금릉(金陵) 땅 유씨여인(劉氏女人)이 기름 장사를 하였는데 낭야선사(瑯揶禪師)가 주석하는 절에 가서 선사께 "유일개무위진인(唯一箇無位眞人)이 면문출입(面門出入)한다."는 화두를 듣고 이날로부터 의심하되 집에 들면 살림을 보살피고 나아가면 기름 장사를 하며 일구월심 수년이 된 어느 날 시장에서 기름을 팔던 중에 한 걸인이 노래하기를,

若不柳毅傳書信이면
如何得到洞庭湖리오.
만약 유의의 편지를 전해주는 일이 아니었더라면
어떻게 동정호에 이를 수 있었으리요.

하는 노래에 활연대오(豁然大悟)라 하였습니다.

이 여인은 기름병을 쓰러뜨리고 바로 보운(寶雲)선사를 참배하

고 "선사님! 무위진인을 깨달았습니다."라 하였습니다. 이때 선사께서 말씀하시길, "깨달음의 경계를 말해보라." 하니, 이 여인이 송하여 이르기를,

> 唯一箇無位眞人이여
> 三頭六臂怒目嗔이라
> 華山一霹分兩路하니
> 萬年流水不知春이로다.
> 오직 한 무위진인이여!
> 팔부금강신장의 모습이라.
> 화산일벽에 두 길이 나누어지니
> 만 년 동안 물이 흘러도 봄을 알지 못하더라.

하였습니다. 이때 화상께서 들으시고 인가하시면서 유도파(劉道婆)라 하였습니다.

오늘 여기 모인 대중은 무자(無字)・시심마(是甚麽)・마삼근(麻三斤)・무위진인(無位眞人) 등 어느 한 가지 화두만 참구하되 첫째는 신심(信心)이요, 둘째는 분심(憤心)이며, 셋째는 대의심(大疑心)이니 90일 동안 게으르거나 망상을 피우거나 잠자기 좋아하지 말고 의심하고 의심해야 합니다.

(대중을 둘러보시고는)

做功先觀心하고
爲法更忘軀어다.
活句自疑破하면
方名大丈夫니라.
공부를 짓되 먼저 마음을 살펴하고
깨달음을 위하여 몸을 잊어야 할지니
활구를 스스로 의심하여 타파하면
바야흐로 대장부라 하리라.

拄杖三下 云
(주장자를 세 번 내려치시고 이르시기를)

山頭白雲起요
巖下綠水流로다.
산정에 흰 구름 떠가고
바위 아래에는 녹수가 흐르도다.

(법상에서 내려오시다.)

佛紀 2516(1972)年
海印叢林 夏結制 法語

南巡童子가 洞村으로 가다

竪起拄杖 云
(주장자를 일으켜 세우시고 이르시기를)

會麼
아시겠습니까?

打床一下 云
(법상을 한 번 치시고는 이르셨다.)

絶學無爲閑道人
不除忘想不求眞
無明實性卽佛性
幻化空身卽法身
배울 것 없는 무위도인은
망상을 제할 것도 없고 참을 구할 것도 없도다.

무명 실성이 그대로 불성이요
환화와 공신이 곧 법의 몸이라.

法身覺了無一物
本源自性天眞佛
夢裏明明有六趣
覺後空空無大千
법신을 요달하니 한 물건도 없네
본원자성이 바로 천진불이라
꿈속에 분명히 육취가 있더니
깨닫고 보니 텅 비어 온 세계가 없네.

(노사 잠시 눈을 감으시고 주장자를 잡으시더니, 다시 이르시기를……)

諸佛法身卽我性
我性還共如來性
모든 부처님의 법신이 곧 나의 성품이요
나의 성품이 도리어 여래의 성품과 같도다.

관음신앙과 미타신앙에 대하여 한 말씀하겠습니다.
중국에서는 관음신앙이 아주 깊은데, 수은광산에서 일하는 사성천(史成任)이라는 신심이 돈독한 처사가 있었습니다. 중국 귀주

수문현(修文縣)에 백수동(白水洞) 수은광산(水銀鑛山)에 광부 천여 명이 수백 호의 판잣집 촌락을 이루고 함께 살고 있는데 장마가 졌습니다.

하루는 한 남자아이가 마을 아래쪽을 가리키면서 큰 소리로 마을 사람들을 향해 외쳐 댑니다. "저기 개울에 아주 예쁜 여인이 옷을 다 벗고 목욕을 한다."는 것입니다. 점심 먹고 쉬는 시간이라 모두들 호기심에 마을 사람들이 뛰어갔습니다. 이 남자아이는 계속해서 마을 사람들을 향해서 더 큰 소리로 빨리 나와서 보라고 외쳐댑니다.

그런데 이 남자아이는 마을 사람들도 처음 보는 아이입니다. 사람들이 다 뛰쳐나와서 개울가 언덕에서 목욕하는 여인을 보는데 어찌나 어여쁘던지 넋을 잃고 구경하고 있는데 여인은 조금도 부끄러운 기색이 보이지 않습니다.

이때 산 위에서 '우르릉 꽝' 하면서 돌산이 무너지고 말았습니다. 어찌나 산이 크게 진동하면서 무너지던지 사람들은 모두 놀랐습니다. 삽시간에 마을을 덮쳤지만 마을 사람들은 다행히 높은 언덕으로 나와 있어서 죽을 목숨을 구하게

| 용탑선원에서(1967) |

된 것입니다.

다 덮치고 난 후 사람들이 놀라서 돌아보니 목욕하던 여인은 홀연히 보이질 않았습니다. 그리고 하늘을 보니 소복을 입은 관세음보살이 동자를 데리고 흰 구름 속으로 사라지는 것이 보였습니다. 마을 사람들이 놀라서 모두 '관세음보살!' '관세음보살!' 하고 고성으로 염불을 하였습니다. 알고 보니 아까 목욕하던 여인은 관세음보살이고, 그 남자아이는 관세음보살을 모시는 남순동자였습니다.

나중에 마을 사람들은 집을 다시 높은 언덕 위로 짓고 절도 다시 지었습니다. 그리고 "우리들이 아무리 돈을 벌어야 한다지만 수은광산에서 일한다는 것은 건강에도 좋지 않은 일이니 다른 일을 하여 먹고 살기로 하자."고 의논하고 모두 산지를 개발하여 농사를 짓고 살게 되었습니다.

그러던 어느 날 백발의 한 노인이 나타나서 마을 사람들에게 물었습니다.

"혹시 여기서 한 젊고 아름다운 여인을 본 적이 있는가?"

마을 사람들이 하도 의아해서 대답했습니다.

"왜 그러시는지요?"

"내 나이가 삼천 살인데, 그 여인은 내 딸이라오. 요즘 여기에 왔다 갔다기에 내가 찾고 있는 중이라오."

마을 사람들이 더욱 의아하여 물었습니다.

"노인께서는 어디에서 사시는지요?"

"저 산 중턱에 가면 이 근래 산사태가 나서 산이 조금 무너져

내렸는데 거기에 큰 바위가 있다오. 그리고 그 바위가 반쪽으로 깨져 있는데, 그 안으로 들어가서 보면 아마도 작은 빛줄기가 보일 것이오. 거기가 내가 사는 곳이라오."

이렇게 말하고 노인은 불현듯 사라졌습니다. 그래서 사람들이 노인을 찾으러 산 쪽 바위가 있는 곳으로 가 보니, 과연 바위가 쪼개져 있고, 겨우 한 사람 들어갈 수 있는 바위 안쪽으로 들어가니 그 안은 넓고 텅 빈 곳이 있는데, 어디서 빛이 들어왔는지 한 줄기 빛이 들어와 비추고 그 비춘 곳을 바라보니 아미타불이 모셔져 있는 것입니다. 모두가 '나무아미타불!' '나무아미타불!' 하면서 기도하고 또 기도하였습니다.

歷千劫而不古
亘萬世而長今
천 겁을 지나도 옛이 아니요
만 세를 뻗쳐도 항상 지금이다.

佛紀 2509(1965)年 11月 15日
용탑선원에서 彌陀齋日 法語

뱃사공은 배를 잘 다스린다

竪起拄杖 云
(주장자를 세우시고 이르시기를)

這箇道理는 非聖非凡이라
無染無淨하여
水灑不着이요 風吹不入이다.
이 도리는 성인도 아니요 범부도 아니니라.
물들지도 않고 깨끗하지도 아니하여
물을 뿌리나 젖지 않고, 바람이 부나 스며들지 못한다.

劫火洞然常自安이요
虛空布納在其間이라
塵沙劫盡何須變가
劫劫霜風徹骨寒이라.
겁화가 활활 타나 항상 안락하고

허공을 덮어도 그 가운데 있도다.
무진 겁이 다한들 어찌 변하리오
겁겁에 서릿바람만 뼛골에 사무치네.

『반야경』에 부처님께서 '위없는 정각을 깨닫고자 한다면 부지런히 정진하여 깊이 지혜를 밝혀갈지니라.'라고 하였고, 『법집요송경(法集要頌經)』에 부처님께서 '뱃사공은 배를 잘 다스리고 무사는 활을 잘 쏘며 목수는 재목을 잘 다듬으며 지혜 있는 사람은 마음을 잘 깨닫는다.'라고 하셨습니다.

이제 구십 일의 동안거(冬安居)에 들어가 참선 정진하는 사람들은 세 가지 요긴한 것을 갖추어야 할 것입니다.

| 용탑선원 |

첫째는 큰 신심(信心)을 발하여 구순(九旬) 동안 게으름이 없이 산과 같이 움직이지 말아야 할 것이요.

둘째는 큰 분심(奮心)을 일으켜 꼭 이번 결제에는 불조(佛祖)와 같이 될 것을 맹세할 것이요.

셋째는 대의심(大疑心)을 품고, 앉으나 누우나 또한 말하고 움직임에 있어 화두를 한결같이 하여 잠자는 것도 잊고, 밥 먹는 것도 잊는 경계에 도달하면 확연히 본래면목(本來面目)을 크게 깨칠 것입니다.

靈明一物盖天地요
內外推沒尋把鼻라.
思量意窮不奈何면
知君不肯拈花示니라.
신령스럽고 밝은 한 물건이 천지를 덮음이요
안팎을 두루 찾으나 코끝도 보지 못함이라.
사량을 다해 궁구하여 찾아도 어찌하지 못하면
그대는 꽃을 들어 보인 뜻을 알지 못하리라.

起 拄杖三打 云
(주장자를 일으켜 세워 법상을 세 번 치시고는)

會麼
아시겠습니까?

欲窮千里目

更上一層樓

천리를 바라보고자 할진대

다시 한층 누각에 올라갈지니라.

佛紀 2510(1966)年

용탑선원 冬安居 結制 法語

하늘도 덮지 못하고
땅이 싣지 못한다

陞座 拄杖三下 云
(법상에 올라 묵연히 앉았다가 주장자를 세 번 치고 들어 보이시고)

會麼
아시겠습니까?

(묵연하시다가 말씀하시었다.)

茲箇가 解制인가 結制인가 아니면 結解가 아니란 말인가?
底裏에 있으되 若論結解인댄 喪身失命하리라.
畢竟 如何
이것은 해제인가 결제인가 아니면 결제 해제도 아니란 말인가?
저속에 있으되 만약 해제 결제를 논한다면 목숨을 잃을 것이니라.

필경에 어떠한 것인고?

良久 拄杖一打 云
(조금 있다가 주장자를 한 번 치고 이르시길)

天不能蓋 地不能載
通身正眼 全露法王
會也麼
石人一箭透過三關하니 電光石火趨不及이니라
今日 時會大衆은 還知
若不知인댄 且道하리라.
하늘도 능히 덮지 못하고 땅도 능히 싣지 못하리니
온몸이 바른 눈이요 전체가 법왕을 드러냄이라.
알았는가 몰랐는가?
돌사람이 하나의 화살로 삼관의 문을 뚫으니 번갯불도 따라잡지 못함이라
금일 여기에 모인 대중께서는 도리어 아시겠습니까?
만약 알지 못할진댄 또 이르리라.

금일이 해제라 하니 고인의 말씀을 인용하여 한 말씀드리겠습니다.

趙州因僧辭하야 乃云호대 有佛處에 不得住고 無佛處에

急走過하야 三千里外에 逢人커든 莫錯擧하라 僧云호대 伊
麼則不去也니라. 師云호대 摘楊花 摘楊花로다.

　조주스님 회상에 한철을 지난 후 한 납자가 "해제했으니 한 바퀴 돌고 오겠습니다." 하고 인사하였다.

　이에 조주스님이 말씀하시길, "부처님이 계신 곳에도 머무르지 말고, 부처님이 안 계신 곳은 빨리 지나가서 삼천 리 밖에서 사람을 만나거든 잘못 드러내어 이야기하지 말라."

　그 스님이 말하였다. "그러면 떠나지 않겠습니다."

　그러자 조주 선사가 말하였다.

"버들 꽃을 따고 버들 꽃을 땄다."

雲門 杲가 頌하되
有佛處 不得住라 하니
生鐵秤鎚被蟲蛙오
無佛處急走過라 하니
撞着嵩山破竈墮로다.
三千里外 莫錯擧라 하니 兩箇石人이 相耳語로다
伊麼則不去也라 하니 此語已行徧天下로다.
摘楊花 摘楊花여
옴 마니다니 훔바탁

여기에 운문 고가 송했다.
부처님 계신 곳에 머물지 말라 하니
무쇠로 된 저울추에 좀이 슬었고

부처님 안 계신 곳은 빨리 지나가라 하니
숭산(嵩山)의 파조타(破竈墮)를 만나게 되는구나.
삼천 리 밖에서 잘못 말하지 말라 하니
두 개의 돌장승이 귓속말을 하였네.
한 중은 그러면 가지 않겠다고 하니, 이 말이 이미 천하를 덮어 버림이로다.
버들꽃이라, 버들꽃이라.
옴 마니다니 훔바탁

今日 大衆스님들에 敢問하노니
趙州摘楊花 意志如何
大衆速道하라
오늘 대중스님들에 감히 묻습니다.
조주스님의 적양화(摘楊花)의 뜻이 무엇인가.
대중은 빨리 말해 보시오.

大衆默無言하니 拄杖一打 云
(대중이 묵묵히 말이 없으니 주장자 한 번 치고 이르시길)

眼裏瞳人著繡靴로다.
눈동자 속의 사람이 꽃신을 신었구나.

今日 大衆이 卽下에 契合 大悟하면 具眼衲子라 認定하리라.
其或未然이면 奮發勇猛 精進하여 忽然히 翻身透過하면

了達一大事하여 無事人의 善知識이 되리라.

금일 대중들이 바로 계합하여 대오하면 안목을 갖춘 납자라 인정할 것입니다. 만약 그렇지 못하다면 용맹심을 발하여 정진하고, 홀연히 몸을 뒤쳐 조사관을 투득하면 일대사를 요달한 것이며, 일없는 사람의 선지식이 되리라.

玄玄明明 白浪溢天하고
栴檀萬片 片片皆香이로다.
그윽하고 그윽하며 밝고 밝아서 흰 물결이 하늘에 흘러넘치고
전단향 만 조각 조각조각이 다 향이로다.

拄杖三下
(주장자 세 번 치고)

喝!

下座하시다.
(자리에서 내려오셨다.)

佛紀 2510(1966)年
梵魚寺 夏安居 解制 法語

법을 위하여서는 몸을 잊어라

竪起拄杖 云
(주장자를 일으켜 세우시고 이르시기를)

會麽
아시겠습니까?

打床一下 云
(법상을 한 번 치시고는 이르셨다.)

點檢하고 自省하라
점검하고 스스로 살펴라.

참선하는 이는 이 몸이 어디서 왔는지, 마음이 어디서 왔는지, 사람의 목숨이 어디에 있는지, 이생에 불조를 만나서 이제 부처님의 무생법을 듣고 화두가 24시간에 명명백백 불매하면 곧 깨침

| 범어사 조계문 |

에 이르게 될 것입니다.

　선방에서는 잡담을 하지 말고 항상 절제하고 오직 의심하고 의심하여 가야 합니다.

　견문각지(見聞覺知)에 의심을 타파해야 그것이 선방에 든 보람이 될 것입니다. 금생에 결정하지 못하면 부처님의 혜명을 받들지 못합니다. 앉고 일어서매 한 생각 일으키면 지옥문이 내 앞에 당도해 있음을 볼 것입니다. 오직 화두삼매에만 열중할 것이거늘 어찌 다른 생각으로 어지러이 하겠습니까.

　옛 사람이 이르기를, "이 몸 금생에 제도하지 못하면, 언제 다시 어느 생을 기다려 제도할까" 하셨습니다.

　　做功鐵門串
　　爲法更忘軀
　　活句自疑破
　　是名大丈夫
　　공부 지어감에 철문을 뚫어야 하며
　　법을 위하여서는 몸을 잊어야 한다.

활구로 의심을 스스로 타파한 이는
이 이름이 바로 대장부리라.

生老病死哀四苦
無常迅速眞實悟
생로병사 모두가 슬프고 슬픈 고통이라.
무상이 신속함을 진실로 깨달아야 한다.

구순 안거 동안 여여한 마음으로 행주좌와 어묵동정에 참구해야 하는 것이 선원의 청규 아니겠습니까? 불철주야 공부 지어가면 부처님의 응신이 여러분 앞에 나툴 것입니다. 응신이란 자체가 없으며, 환과 같아서 사물로 인해 있음 자체가 없으며, 물거품은 마치 있는 듯이 보이나 물로 인해 있음 자체가 없으며, 그림자는 마치 있는 것이 분명한듯 하나 형상으로 인해 있음 자체가 없음과 같습니다.

공부도 이와 같이 자체가 없이 지어감이어야 합니다. 범인과 성인이라도 인과가 가히 없다고 말할 수 없습니다. 저 풀잎의 이슬이 비록 항상 있지는 않으나 잠시 있는 것과 같습니다. 그러므로 모든 법이 거짓 아님이 없습니다. 홀연히 앉아서 찰나 찰나의 지어감에 생하고 멸함이 없이 텅 빔을 빔 없이 지어가야 참공부라 할 수 있습니다.

일체법이 멸해도 멸함이 없는 것이요, 제법실상이 상 아님이 없습니다. 그러므로 말하되 인연으로 생긴 바의 법을 말하되 곧 공이라 합니다. 한 경계를 벗어났다거나 경지에 이르렀다고 하지 말아야 합니다. 설사 일경에 이르렀다고 할지라도 거기는 죽음에 떨어지니 오직 한 번 더 뛰어나야 비로소 산목숨이라 할 수 있습니다.

억!!!

如如하면 破鐵關하리라
여여하면 철관을 부수리라.

拄杖子三下後 下壇
(주장자를 세 번 치시고 법상에서 내려오시다.)

佛紀 2511(1967)年
梵魚寺 夏安居 結制 法語

만물은 나와 한 몸

陞座 拄杖三下 云

(법상 위에 올라 묵연히 앉았다가 주장자를 세 번 치시고 이르시기를)

會麼
아시겠습니까?

人途中去
車兩方來
箇中大衆
如何活路
사람이 길 가운데 가는데
양쪽 방향에서 자동차가 오면
여기에서 대중은
어떻게 해야 살아나겠는고?

大衆無答하니 師曰
(대중이 대답이 없자 스님께서 이르시기를)

頭上開活路
大衆著眼觀
會也麼
머리 위에 살아나는 길이 열려 있으니
대중은 눈을 바로 뜨고 보라
알겠는가?

天地與我同根
萬物與我一體
石將石不動風雨
滿谷淸風谷外流
하늘과 땅이 나와 더불어 한 뿌리요
만물은 나와 더불어 한 몸이라
돌장승은 비바람에도 움직이지 않는데
계곡의 가득한 맑은 바람은 골짜기 밖으로 흐르도다.

今日解制日이니
古人言句를 且道하리라.
금일 해제일이니
고인의 언구를 빌어서 또 이르리라.

明州翠巖令參禪師 上堂

一夏與兄弟東語西話

看翠巖眉毛在

保福曰 作賊人心虛하고

長慶曰 生也라

雲門曰 關이라.

명주 땅에 취암 영참선사가 상당하여

여름 한 철 형제와 더불어 많은 말을 하였으니

취암의 눈썹이 있는지를 보았는가?

보복스님이 답하기를, 도적을 짓는 사람의 마음은 허함이라 했고

장경스님이 답하되 생이라 했다.

운문스님은 답해 가로되 '관(關)(닥쳐라)'이니라.

雪竇云

盡大地是翠巖一隻眼

更說什麼 眉毛在不在也

直得諸方尊宿做盡伎倆 出他圈繢不得

宗上座又作麼生

以拂子畫圓相云

分付海山無事客

大味는 不合於衆口라. 大聲은 不聞이라.

釣鰲時下一圈

今日大衆 雲門關이 又且如何

설두종선사가 이르되

진대지가 이 취암의 정안(正眼)이라

다시 무슨 눈썹이 있고 있지 않는 것을 말하느냐?

바로 제방의 높으신 스님들께서 기량을 다하여 지어 얻었는가?

(만약 그렇지 못한다면) 저 우리를 뛰어넘지 못하리라.

종상좌 (말하길) 이 또한 무엇인고?

불자를 들어 원상을 그리고 이르되

해산 무사객에게 분부하노니

큰 맛은 여러 입에 맞지 않고 큰 소리는 들리지 않는다.

자라를 낚으려는데 우리에 하나 가득하도다.

오늘 대중은 운문 '관(關)' 이것이 무엇인가?

이 말의 뜻을 알면 해제요 모르면 계속 정진할 것이다.
『십지경(十地經)』에 말씀하시되, '중생신중(衆生身中)에 금강같이 견고한 불성(佛性)이 있으니 이는 보려고 하나 보이지 않음이요, 마치 일륜과 같이 밝고 밝아 비추지 못함이 없음이라.'

曾爲蕩子借憐客이요

醉酒貧輩惜醉人이로다.

眼觀南北이요 意在東西라

將爲烏鳥하니 更有白鷺라.

일찍이 탕자가 객을 돕겠다고 함이요

술주정뱅이가 술 취한 사람을 애석하게 생각함이로다.

눈을 떠 남북을 돌아보나 뜻은 동서에 있음이라

장차 까마귀가 백로라 함이로다.

一切衆生 一切佛心이라

內外無窮하니 色空與同이로다.

일체 중생이 일체불심이라

내외가 무궁하니 색이 곧 공이라.

又 拄杖一打 云

(다시 주장자를 한 번 들어 치시고 이르시기를)

與君同住又同行하니

坐臥相將歲月長이로다.

그대들과 더불어 함께 하고 또 함께 걸어가니

앉고 눕고 한 세월이 참 길었구나.

  수행의 덕목 가운데 철저한 자기 성찰이 중요하고, 이 한 몸 태어나지 않은 셈치고 정진하고 또 정진하다 보면 계합하는 날이 도래합니다. 『사법경(四法經)』에 구도자(求道者)가 정각(正覺)을 이루고자 할진대 마땅히 네 가지 수행법을 지키라 했습니다.

  첫째는 대보리심을 발하여 차라리 신명을 버릴지언정 퇴전치 아니함이요.

둘째는 선근친우라, 왕래를 끊어 선정을 닦음이요.

셋째는 인욕유화하여 진에(瞋恚)를 불생(不生)함이요.

넷째는 적정처(寂靜處)에 주하여 번거로운 것들을 생각하지 말고 실천수행하면 정각을 성취하리라 하셨습니다.

달마스님 말씀에 '관심일법총섭제행(觀心一法總攝諸行)이라', 일체의 모든 법이 오직 마음에서 나는 것이니 마음만 요달하면 만행이 오직 참되다, 라고 볼 수 있습니다. 오온이 본래로 공하여 나라고 할 것이 없으나 오직 이 한마음에서 일체묘법이 다 드러납니다. 한마음 깨달으면 이를 일러 본래면목이라 합니다.

대주혜해선사(大珠慧海禪師)가 처음 마조선사(馬祖禪師)를 참배하니 마조선사가 물었습니다.

"어디서 왔는가?"

이에 대주선사가 말하였습니다.

"불법을 구하고자 왔습니다."

마조선사께서 다시 물었습니다.

"스스로 보배를 짊어지고 어디서 무엇을 구한단 말인가?"

이에 대주선사가 말하였습니다.

"어떤 것이 스스로 보배입니까?"

마조선사가 말씀하셨습니다.

"지금 나에게 묻는 자가 너 스스로의 보배이니라. 일체가 다 구족하였거늘 어찌 밖에서 구하려고 하는가?"

대주선사가 언하에 근본 마음을 깨닫고 일어나 조사께 절하였습니다.

옛 수행 선사들은 이와 같이 불조(佛祖)의 말씀을 의지하여 한 몸 던져 불철주야 용맹정진하고 오직 '깨침'을 위하여 몸을 던졌습니다.

渴飮飢飡相對面하니
不須回首更思量이로다.
목마르면 마시고 배고프면 먹음에 항시 대면함이여
다시 머리 돌이켜 생각하지 말지어다.

拄杖三下 云
(주장자를 세 번 치시고 말씀하시기를)

大道無門 任向東西
큰 길은 문이 없으니 동서 어디로 향할 것인가.

拄杖一打 下座
(주장자를 한 번 치시고 내려오시다.)

佛紀 2517(1973)年
梵魚寺 夏安居 解制 法語

始終이 不離一念

陞座默然 竪起 拄杖三打 云
(법상에 올라 묵연히 앉았다가 주장자를 세워 일으켜서 세 번 치시고 이르시기를)

會麼
아시겠습니까?

今日 山僧이 法床陞座以前에 卽錯이니 如何卽是也?
금일 산승이 법상에 올라앉기 이전에 벌써 그르쳤으니 어떻게 해야 옳겠는가?

大衆默無言하니 師良久 拄杖一打 云
(대중이 묵묵히 말이 없자 스님께서 조금 있다가 주장자를 한 번 더 치시고 이르시되)

金剛寶劍過斬風

雪裏白雉飛無蹤

금강보검은 바람을 베고

눈 속의 흰 꿩은 날아감에 자취가 없도다.

還知麼

도리어 알겠는가?

金不博金하고

水不洗水로다

若不知인댄 且道하라.

금으로 금을 금박하지 못하고

물로 물을 씻을 수 없다.

만약 알지 못할진댄 또 일러보아라.

參禪學徒別無奇라.

只在當人勇猛氣로다.

若到水窮山盡處에

一輪孤月振光輝로다.

참선을 하여 도를 배우는 이는 별로 기특할 것이 없음이라.

다만 참선하는 사람은 용맹심이 있어야 하느니라.

만약 물이 다하고 산이 다한 곳에 이르면

둥근 달이 광명을 떨치리라.

今日 四部大衆은 根機가 各各 有差別故로 山僧이 更道註脚하리라

金剛經에 云호대 無四相故로 元來無生滅心이라. 本是 無心無我란 本來自無心無我인대 何故로 一切衆生이 皆有佛性이라 하시니 意旨如何

금일 사부대중은 근기가 각각 다름이 있는 고로 산승이 부득이 다시 설명하리라.

『금강경』에 이르기를, 사상이 없음으로 원래 생멸심도 없음이라. 본래 마음도 없고 나도 없는 것이란 본래부터 마음도 없고 나도 없기 때문이라 하셨는데, 그렇다면 어째서 일체 중생이 다 불성이 있다고 하셨습니까? 그 뜻이 무엇입니까?

| 범어사 대웅전 |

師答曰 七里流江 含蛤珠로다

佛性이 亦本無故로 名曰 本心이라.

스님이 답하시기를, 칠십 리나 되는 강에 조개가 야명주를 다 머금고 있느니라. 불성이랄 것이 또한 원래 없는고로 이름하야 본래 마음이라 하네.

本心이란 如日輪하야 明明明撤함이 圓滿廣大無邊故로 一毛頭上現寶王刹을 하고 一微塵中轉大法輪하야 無邊刹境 無碍自在하리라. 凡夫聖人과 十方古今이 始終 不離現前一念이라.

본래 마음이란 밝은 해보다 더 밝고 밝아서 원만하고 광대무변한고로 한 터럭 끝에 보왕찰을 나투고 한 티끌 가운데 대법륜을 굴려서 가없이 많은 세계에 무애자재하며, 범부와 성인과 시방세계와 고금이 시종에 현전일념을 떠나서 존재하지 않습니다.

千經所說과 萬論所述이 但唯明一心이니라.
一心明眼所觀인댄 水水山山이 無不佛身이며
花花草草가 無不妙法이라.

경·율·론 삼장과 만 가지 논설이 다만 한 마음을 밝힐 뿐이라.

한마음으로 밝혀 볼진대, 물과 물, 산과 산이 부처몸 아님이 없고 꽃과 꽃, 풀과 풀들이 묘법 아님이 없도다.

然莫論大小中下根機는 發大信心과 大憤心하며 做工夫精進하되 不顧身命하고 行住坐臥 語默動靜에 錦錦密密하여 純一無雜 一念萬年去하야 打成一片해 가면 不遠間 話頭打破 廓撤大悟 丈夫能事畢하리라 參禪은 活句參禪해야지 死句參禪은 하지 말라.

그러나 대소 중하근기를 막론하고 대신심과 대분심을 내어 공부를 지어 정진하되, 몸과 목숨을 돌아보지 말고 행주좌와 어묵동정에 면면하고 밀밀하게 하여 순일무잡하여 일념이 만년이 되도록 하여 큰 의심 뭉치가 이루어지면 머지않아 화두를 타파하여 확철히 크게 깨달아 대장부의 일을 마치리라. 참선은 활구 참선을 해야지 죽은 참선을 하지 말라.

僧問호되 如何是 活句입니까?
한 납자가 묻되, 어떠한 것이 활구입니까?

喝!

龍向洞中銜雨出하고
鳳從花裏帶香歸로다.
용은 동정호 가운데를 향해서 비를 가지고 오고
봉황은 꽃 속을 쫓아서 향기를 가지고 돌아온다.

會也麼
알겠는가?

急須着眼하라.
머뭇거리지 말고 급히 착안하라.

幾年流落放浪生
今日迴航還本鄉
微笑相逢賓主意
只伊恰悅忘名言이로다.
그동안 얼마나 많은 세월을 방랑생활하던 인생인가.
오늘 비로소 멀리 갔던 객이 고향에 돌아옴에
미소 지으며 손님과 주인이 서로 만났으니
다만 기쁘고 기뻐서 이름도 말도 잊도다.

總不恁麼 如何商量고
이렇게 하지 못하면 어떻게 헤아릴꼬?

良久 挂杖一打 云
(조금 있다가 주장자를 한 번 치고 이르시길)

赤心片片誰知得
笑殺黃梅石女兒

일편단심을 누가 알까
황매의 돌 여자가 크게 웃도다.

拄杖三打 下座하시다.
(주장자를 세 번 치고 하좌하시다.)

佛紀 2518(1974)年
梵魚寺 冬安居 解制 法語

非心非佛非物

陞座 拄杖三下 云
(법상에 오르시고 묵연히 앉았다가 주장자를 세 번 치시고)

會麼
아시겠습니까?

卽下契合卽知하면 具眼衲子라 하리라
其惑未然이면 未免野狐精靈窟이로다.
今日大衆이여! 諦聽하라
還知麼. 若不知 且道하라.
즉하에 계합하여 바로 알면 눈을 갖춘 납자라 하리라.
만약 그렇지 못하면 야호의 귀신굴을 면치 못하리라.
금일 대중이여! 잘 들으시기 바랍니다.
알겠습니까? 만약 알지 못할진대 또 이르리라.

一日 南泉示衆 云

江西馬大師說 卽心卽佛이러니와

王老師는 不恁麽라 不是心不是佛不是物이라 하리라.

恁麽道가 還有過麽아 한대 時에 趙州出禮拜了거어늘

有僧이 問州曰하되 上座禮拜了去意作麽生고 하니

州云하되 汝却問取和尙하라.

하루는 남전스님이 대중에게 이르시되

강서에 마조스님 말씀하시기를, 마음이 곧 부처라 하였거니와

남전은 이렇지 않다. 마음도 아니고 부처도 아니며 또한 물건도 아니니라. 하리라.

이렇게 말한 것이 허물이 있는가 하였는데, 당시에 조주스님이 예배하고 물러가거늘

어떤 스님이 조주스님에게 묻되 스님께서 절을 하고 물러간 뜻이 어떤 것입니까?

조주스님께서 말하기를, 네가 마조스님께 가서 물어보아라.

僧이 遂問師하되

適來心 上座作麽生고 하니

祖云하되

他却領得老僧意旨니라 하다.

介庵朋이 頌하되

非心非佛亦非物이여

一 二 三 四 五 六 七이로다.

한 납자가 마조스님께 묻되

조금 전에 조주스님이 무엇이라 했습니까?

마조스님이 이르되

조주가 노승의 뜻을 잘 알았느니라 하였다.

개암붕(介庵朋)이 송하되

마음도 아니요, 부처도 아니요, 또한 물건도 아니니라.

일 이 삼 사 오 육 칠이로다.

困思天竺雨前茶

渴憶洞庭霜後橘이로다.

피곤하면 천축의 우전다를 생각하고

목마를 때 동정호의 서리 맞은 감귤을 기억함이로다.

스님께서 이르시길,

 위로 모든 선사가 비심비불역비물의 의지는 꿈에도 보지 못했다. 이 산승이 쳐서 열어 보이리라. 스님께서 눈을 한 번 굴리고는,

非心非佛亦非物이여!

窮坑難滿

텔레비전見演劇

無線電話聞消息
비심비불비물이여!
구덩이가 다하면 채우기 어렵다.
텔레비전에서 연극을 보고
무선전화기로 소식을 듣도다.

還知麼
아시겠습니까?

　금일 대중을 위하여 세세밀밀히 설명할 것이니 자세히 들으시기 바랍니다.
　오늘은 4월 보름날 하안거 날입니다. 이 여름결제는 선결제와 후결제가 있는데, 선결제는 4월 보름날 결제하여 7월 보름날 해제하는 것이고, 후결제는 5월 보름날 결제하여 8월 보름날 해제하기도 하고, 혹은 6월 보름날 결제하여 9월 보름날 해제하기도 합니다.
　인도에서는 건기와 후기에 따라 결제와 해제를 해 왔는데 이것이 오늘날 결제 해제가 되는 것이니, 수행과 두타 그리고 전법으로 출가수행의 과업이기도 합니다.
　『원각경(圓覺經)』으로 가람(伽藍)을 삼고 신심안거(信心安居)를 평등성지(平等性地)로 삼으라 하시었습니다. 크게 뚜렷이 깨침으로 참선하는 장소로 삼고 몸과 마음을 편안히 하여 각기 가지고 있는 평등한 성품과 지혜로써 안거를 한다고 하셨습니다.

안거하는 기한이 대한(大限)은 90일이요, 소한(小限)은 10일이니 총림이나 선원에서 공부하는 기한을 잘 지켜서 공부하는 가풍이 있습니다. 이러한 선원의 가풍을 잘 지켜가야 합니다.

황룡(黃龍)스님은 "90일 안거가 통어만년(通於萬年)이라. 만년이 90일 통함이라." 하시었습니다. 90일만 일념(一念)으로 공부가 잘 되면 그대로 만 년을 통하고 만 년을 가도 그대로 90일을 통한다고 했습니다.

십세(十世) 고금의 시작과 끝이 한마음을 여의지 않았으니 바로 이 한마음의 그곳이 당처임을 깨달아야 합니다. 그러면 두두물물이 현창(顯彰)하지 않음이 없으며 무변찰나(無邊刹那)결에 자타가 터럭만큼도 떨어지지 않음을 볼 것입니다.

어느 날 수료(水潦)화상이 마조대사를 찾아가서 예배를 올리니 다짜고짜 멱살을 잡고 가슴을 주먹으로 쳤습니다. 뿐만 아니라 발로 가슴을 밟기도 했습니다. 그러면서 큰 소리를 내어 웃으면서 "백천법문과 무량묘의가 터럭 한 끝에 있으니 그 근원을 살펴보거라." 하고 일렀습니다.

덕산스님이 용담선사를 찾아가서 밝힌 촛불을 '훅' 하고 부니 활연대오하여 모든 변론과 달변이라도 아무 가치가 없다 하시면서 짊어지고 갔던 경전을 모두 소각하였으니 이 뜻은 무엇인가?

어떻게 생사대사를 해결할 것이며 어떻게 열반묘의를 체달할 것인가. 가히 그렇게 공부하고 그렇게 공부 지어가면 반드시 해결할 날이 올 것입니다.

그래서 오늘 결제하여 참선 정진하는 대중은 이런 공부하는 기한의 경계에 떨어지지 말고 90일이 만 년에 통하고, 만 년이 90일로 통한다는 것이 자기 마음에 계합(契合)이 되면 그런 사람은 부처님 말씀과 같이 대원각으로써 참선 정진하는 장소로 삼고 시방세계의 모든 불보살과 조사와 납자들이 같이 모여서 안거를 합니다.

　만약 이를 알지 못하는 자는 90일간을 정진한다고 해도 무승자박(無繩自縛)이라. 끈이 없이도 꽁꽁 묶여 있는 것이오니 잘 밝혀보기 바랍니다.

(주장자를 들어 보이시고 하단하시다.)

佛紀 2528(1984)年
梵魚寺 夏安居 結制 法語

金毛獅子가 뿔까지 났구나

陞座 拄杖三下 云
(법상에 올라 주장자를 세 번 치시고 이르시되)

會麼
아시겠습니까?

大衆無答話故로 師曰
(대중이 묵묵히 답이 없으므로 선사께서 말씀하시되)

截斷千差休指注이니
一聲歸笛囉囉哩로다.
천 가지 사량분별을 끊고 가르쳐 설명함을 쉬니
한 소리 피리 라라리하며 돌아가도다.

卽下契合卽知하면

金毛獅子得兩角

一聲金龍飛天邊

其惑未然이면 山僧의 一偈 諦聽하라.

바로 계합하여 바로 알면

금사자 두 뿔을 얻음이요,

금룡의 일성이 끝없는 하늘을 날음이로다.

혹 그렇지 못하면 산승이 한 게송을 읊으리라. 잘 들어라.

良久 拄杖一打 云

(조금 있다가 주장자를 한 번 치고 이르시되)

包盡虛空無內外

金烏編界自分明

通天喝得飜身轉

一路堂堂劫外光

허공을 두루 싸니 안과 밖이 없고

금 까마귀가 세계를 덮었음이 분명하도다.

하늘을 통하여 몸을 굴려 바꿈을 얻으니

한 길이 당당하여 겁 밖의 광명이로다.

會也麼

알겠는가?

壁隙生風 心動魔侵

洪州黃龍 祖心禪師 示衆云

知幻卽離 不作方便

離幻卽覺 亦無漸次

釋迦老子 千門萬戶 一時擊開

靈利漢纔聞擧著 撩起便行

更若蜘躕 君往西秦 我之東魯

벽에 틈이 생기면 바람이 들어오고 마음이 동하면 마가 침노함이라.

홍주에 황룡 조심선사가 설법하여 이르시길,

꿈인 줄 알면 곧 여읜 것이요, 방편을 짓지 않음이라.

꿈을 여읜 즉 깨달은 것이니, 또한 점차로 닦을 것이 없음이니라.

석가 노자가 천문만호를 일시에 쳐서 열어 보이니

영리한 사람만 겨우 듣고, 들어 알고, 바로 행함이라.

만약 잠시라도 머뭇거리면 그대는 서쪽나라로 향하고 나는 동쪽나라로 가게 되도다.

仰山參東寺하니 東寺問호되

汝是什處人고

仰山云 江南人입니다.

寺云 我聞 江南에 有鎭海明珠라 하니 是否아

仰山云 是니다

6. 上堂法語

寺禪師云 此珠如何

仰山云 黑月은 卽隱하고 白月은 卽現이니다.

寺云 還將得來麼아

仰山云 將得來니다

寺云 誠呈似老僧看하라

仰山叉手近前云

某甲이 昨到潙山하야 亦被索此珠하야

直得無言句對며 無理可伸이니라.

앙산스님이 동사선사를 참례하니 동사선사께서 물으시기를,

"그대는 어느 곳의 사람인고?"

앙산스님이 이르되, "강남 사람입니다."

| 범어사 일주문 |

동사선사가 이르되, "내가 듣기에는 강남에는 진해(鎭海)의 밝은 구슬이 있다 하니 이러한가?"

앙산이 이르되 "그렇습니다."

동사선사가 이르시되, "이 구슬은 어떤 것인고?"

앙산스님이 이르되, "흑월(그믐)에는 곧 숨고 백월(초승)에는 곧 나타납니다."

동사스님이 이르되, "가져왔느냐?"

앙산스님이 이르되, "가져왔습니다."

동사스님이 또 이르되, "진실로 노승에게 들어 바쳐보라."

앙산스님이 차수하고 앞에 가까이 가서 이르되,

"제가 어제 위산에 이르러서 또한 이 구슬을 찾으시던데
바로 언구로 대할 수도 없으며 이치로도 가히 펼 수 없음이 니라."

寺云眞獅子兒가 善能哮吼로다.
譬如蟭螟蟲이 向蚊子眼睫上하야 作窠하고
向十字街頭에서 叫云土曠人稀하니 相逢者 少로다.
師曰上來言句는 禪師의 意旨未夢見在라.
山僧則不然이라.

동사가 이르되, "진실로 사자 새끼가 잘 포효함이로다.
비유하건댄 초명충이 모기 눈썹을 향하여 집을 짓고
십자거리에서 부르짖어 이르되, 땅은 넓고 사람은 드무니 서로 만나는 자가 적음이로다."

앙산스님께서 가로되, "위에 말씀하신 모든 언구는 선사의 의지를 꿈에도 보지 못합니다.
나 산승은 곧 그렇지 않음이라."

良久 拄杖一打 云
(잠시 있다가 주장자를 한 번 치고 이르되)

夜來傳寢所問拜
今朝傳所善問安
師資敬愛好契合
一顆明珠用自在
밤이 오면 스승의 침소에 '잘 주무십시오.' 문안을 드리고
아침이 오면 스승의 침소에 편안하신지를 문안 올리니
스승과 제자가 공경하고 사랑함에 잘 계합을 하니
하나의 밝은 구슬을 마음대로 잘 씀이로다.

還知麽
아시겠습니까?

元來妙道體虛玄
何用髮毛妄示人
一念未生前遷得
奇言妙句盡爲眞

원래 묘도는 체가 텅텅 비고 현현하니
어찌 잡된 마음을 써서 망령되이 사람에게 보이겠는가?
한 생각 일어나기 이전에 알아 깨닫는다면
기이한 말과 묘한 글귀가 다 참됨이로다.

喝

拄杖三下 下座하시다.
(주장자를 세 번 치고 하좌하시다.)

佛紀 2529(1985)年
梵魚寺 冬安居 結制 法語

---

* 東寺; 藥山惟儼선사의 법손이다.

一念未生前 소식

上堂 拈拄杖三下 云
○을 그리시다.
(주장자를 세우시고 양구하시다가 주장자 삼하하시고 다시 원을 그리시다.)

이 도리를 성현과 범부가 첨앙하고 외도가 돌아와 항복하도다.

(주장자로 세 번 법상을 치시고는…)

『원각경』에 부처님이 말씀하시기를, 선남자야 일체 어려움이 곧 구경각이며 득념(得念)과 실념(失念)이 해탈 아님이 없으며, 성법(成法)과 파법(破法)이 다 이 열반이며, 지혜와 우치가 다 반야(般若)며, 보살과 외도의 성취법이 동시 보리며, 무명과 진여의 경계가 다름이 없으며, 계·정·혜가 모두 범행(梵行)이며, 중생과 국토가 한 가지 한 법의 성품이며, 지옥과 천당이 다 정토며, 유정(有情)과 무정(無情)이 불도(佛道)를 함께 이루며, 일체 번뇌가 필경에 해탈이니라. 부처 성품은 중생이 각각 저마다 가지고 있는 성품이며, 모자람 없이 원만하니, 누구나 듣는 자 바로 깨쳐 수용할 수 있습니다.

어느 날 백장스님이 마조스님을 친견할 때에 마조스님이 불자(拂子)를 세워 보이시니, 백장스님이 말씀하시기를, "스님은 불자를 가지고서 법을 쓰십니까? 불자를 여의고 법을 쓰십니까?" 하고 물었습니다. 그러자 마조스님은 말없이 불자를 제자리에 걸어 두었습니다. 백장스님이 아무 말이 없자 마조스님이 반문하시기를, "그대는 후일에 중생을 교화할 때 어떻게 할 것인고?" 하셨습니다. 백장스님도 아무 말없이 불자를 세우니 마조스님 역시 "불자를 가지고 법을 쓸 것인가? 아니면 불자를 여의고 법을 쓰겠는가?" 하셨습니다. 이때 백장스님 역시 불자를 제자리에 걸어 두었습니다.

그러자 마조스님이 할을 한번 하시니 백장스님이 3일간이나 귀가 먹먹하였다고 합니다. 후일에 백장스님의 제자인 황벽스님이 묻기를, "스님께서는 마조스님의 무슨 법문에 깨치셨습니까?" 하니, 백장스님이 불자를 그대로 제자리에 걸어 두었습니다. 이때 황벽스님이 가가대소를 하며 역시 크게 깨쳤습니다.

또한 엄양스님이 조주스님을 친견하고 묻되, "한 물건도 가지고 오지 않았을 때는 어떠합니까?" 하니 조주스님이 답하기를,

"방하착(放下着)하라." 하셨습니다. 엄양스님이 다시 묻되 "한 물건도 없는데 무엇을 방하착하라고 하십니까?" 하니 조주스님이 "버리지 않으려면 짊어지고 가라." 하시는 그 말씀을 듣고 단박에 깨쳤습니다.

만일 오득(悟得)하지 못하였으면 이 말을 잘 들으시기 바랍니다.

이 물건은 밝기가 거울 같고, 맑기가 수정주와 같아서 위로는 하늘을 비추이고 아래로는 땅을 비치되, 사람사람이 행주좌와 어묵동정 그 속에 있으니, 구순 안거 중에 간절히 반성하여 참구하시기 바랍니다.

한 생각 돌이켜 계합되면 부처님 말씀대로 일체 어려움이 구경각이며, 내지 일체 번뇌가 필경에 해탈이라.

  元來妙道는 體虛玄하니
  何用眉毛하야 妄示人이리요
  一念 未生前에 遷得하면
  奇言妙句가 盡爲眞하리라.
  원래 묘도는 체가 텅텅 비고 현현하니
  어찌 눈썹을 움직여야 망령되이 사람에게 보이겠는가.
  한 생각 일어나기 이전에 알아 깨닫는다면
  기이한 말과 묘한 글귀가 다 참됨이 되도다.

拈拄杖 云
(주장자를 들어 세우시고 이르시기를)

會麼

알겠는가?

人平不語하고

水平不流니라.

사람이 평등하면 말이 없고

물이 평평하면 흐르지 않음이니라.

(주장자 삼하하시고 법상에서 내려오시다.)

佛紀 2515(1971)年
曹溪寺 冬安居 中 結制 法語

北山에 구름 이니
南山에 비가 온다

上堂 拈拄杖子
(상당하여 주장자를 들어 보이시고)

示衆云하되 昔日靈山會上에 世尊이 拈花示衆하시고 今日山僧은 拈拄杖子 示衆하니 世尊의 拈花示衆과 같은가 다른가.

대중에게 법문하시기를, 옛날 영산회상에서 세존께서 염화시중하시고 오늘 산승이 주장자를 들어 보였으니, 세존이 연꽃을 들어 대중에게 들어 보이신 것과 같은가 다른가?

默然 自對云하되
(잠시 계시다가 스스로 답하여 말씀하시기를)

北山起雲하니
南山降雨로다.

북산에 구름이 이니
　　남산에 비가 오도다.

又 拄杖三下
(다시 주장자 삼하하시고)

『대보적경(大寶積經)』에 "타인을 두호하고 자신을 외호하지 않음은 최상의 도리요, 자신을 두호하고 타인을 두호함은 다음이며, 자신을 외호하지 않고 타인마저 외호하지 아니함은 최하니라." 하였습니다.

입으로 설하고 실행이 있는 사람은 "유뢰유우(有雷有雨)"라, 뇌성이 있고 비가 옴과 같음이니 최상이요, 몸으로 실행하면서 입으로 불설하는 사람은 "유우무뢰(有雨無雷)"라, 비는 오나 뇌성이 없음과 같음이니 제이요, 입으로 설하고 몸으로 실행치 않음은 "유뢰무우(有雷無雨)"라, 뇌성은 있으나 비는 없음이니 제삼이요, 입으로 설함도 없고 몸으로 행함도 없는 사람은 "무뢰무우(無雷無雨)"라, 뇌성도 비도 없음이니 최하라고 하셨습니다.

사부대중 여러분! 우리는 부처님의 말씀에 의지하여 자신을 지키고 타인을 보호하며 좋은 말만 하고 바른 행동만 실천합시다.

육조스님의 법손인 석두선사(石頭禪師) 시중왈(示衆曰) "나의 법은 이전에 이미 부처님이 전한 바라. 선정과 해탈을 막론하고 오직 부처님의 지견(知見)을 통달하여 마음이 곧 부처며 보리와 번뇌와 마음과 부처 중생이 이름은 다르나 체(體)는 곧 하나입니다."라고 하셨습니다.

알겠습니까?

대중은 마땅히 알아야 합니다. 자신의 성품이 본래 티없이 청정하고 맑으며 원만하여 성인과 범부 그 체성이 동일하여 이를 일러 부처와 중생의 성품이 같다, 라고 하는 것입니다. 그러므로 삼계와 육도가 오직 자기 마음으로 지은 것이요. 근본의 자리에서 보면 생멸이 본래 없다 이런 말입니다.

    本來無生滅之處에서
    進一步飜身道一句하야사
    始知從比로 出格丈夫라
    向如何是 飜身一句
    본래 남이 없고, 멸함도 없는 곳에서
    진일보하여 몸을 뒤쳐 일구(一句)를 이르면
    여기로부터 장부가 남이니라.
    어디를 향하여서 몸을 뒤쳐 일구를 이를 것인가.

良久 拄杖一打 云
(양구하시다가 주장자 한 번 치시고 이르시길)

騎牛穿市過
野老登寶座
소를 타고 시장을 지나니
촌 노인이 보좌에 앉았도다.

만약 언하에 알아버리면 통달치 못할 바가 없습니다.
사부대중 여러분! 이 말에 계합(契合)하면 새로이 결제함 없이 일대사를 마칠 것이요, 만일 그렇지 못하면 오늘 결제하고 구순안거(九旬安居)하되 승속남녀, 높고 낮은 이, 예리한 사람, 둔한 사람 차별함이 없이 단박에 깨달음에 이를 것입니다.
사람마다 자신의 견문각지(見聞覺知)하는 일물(一物: 한 물건)이 '이 뭣고' 하고 궁구하되 대신심을 발하고 대분지(大憤志)를 내며 대의단(大疑團)을 일으켜 행주좌와 어묵동정하는데, 항상 고요하고 깨끗하게 생각하고 의심하되, 목마른 이가 물을 찾듯이, 배고픈 이가 밥을 생각하듯이, 의심하고 의심하여 갈 것이며, 굶주린 고양이가 쥐 잡듯이 간절히 하고, 닭이 알을 품듯이 간단없게 하여야 할 것입니다.

이번 하안거 90일 동안 나태하지 말고 부지런히 궁구하고 궁구하여 물길에 배 대듯이 하여야 합니다.

拈拄杖子 默然 云
(주장자를 들어 보이시고 잠시 계시다가 말씀하시기를)

會麼

아시겠습니까?

山靑水流하며

鳶吟燕語로다.

산이 푸르고 물은 흐르니

솔개 울음소리에 제비가 노래하도다.

拄杖三下 便下座

(주장자를 세 번 선상을 치시고 내려오시다.)

佛紀 2517(1973)年

曹溪寺 夏安居 結制 法語

正法은 둘이 아니다

至道歸一正法無二라
眼掛長空手握靈鋒이라
聖凡瞻仰外道歸降이라
佛道總和時和民安이라.
지극한 도는 하나의 진리로 돌아감이요 정법은 둘이 아님이라
눈은 저 허공을 바라보며 손은 신령한 칼을 잡음이라
성인과 범부가 다 우러러보고 외도는 돌아와 항복하도다.
불도가 총화하니 태평성세요 국태민안이라.

　국민은 총화 단결하고 지혜의 힘을 모아 민족의 비원인 조국 평화통일을 하루 속히 이룩하여 자유와 평화 복지국가를 건설하도록 기원하고 다함께 노력해야 합니다. 국민은 총화하고 수도자는 수도에 열심히 하면 이것이 태평성세요, 이것이 불도로 가는 길입니다. 자기 할 일만 할 것이지, 남의 일을 이리 기웃 저리 기웃하면 어떤 세월에 이루리오.

"억!"

도와 세상의 이치는 하나이니 살펴서 가야할 것입니다.

蟭螟眼睫起皇州하고
玉帛諸侯次第投라
天子臨軒論土廣하니
太虛猶是一浮漚이니라
法王權實令雙行하니
雷震風馳海岳傾이라
霹靂一聲雲散盡하니
到家元不涉途程이라.
초명이의 속눈썹에 황제국을 세우니
옥대와 높은 관모 쓴 제후들이 차례로 절하는구나.
천자는 궁전에 임하여 국토 넓음을 논하니
태허도 오히려 이와 같아 하나의 뜬 세상이라.
법왕은 근기따라 방편을 써 두 가지 행하여
천둥 번개 몰아치니 바다와 큰 산이 기울어지도다.
벽력 일성에 구름이 다 흩어지니
집에 돌아옴에 본래 이정표로 볼 필요 없도다.

초명이라는 아주 작은 벌레가 있는데 이 벌레가 모기 머리에 앉아서 황제국을 건설하여 황제가 되고 천하를 논하였다고 합니다. 인간 세상의 일도 이와 별로 다를 바 없습니다. 그렇기는 그러하나 인간이 어찌 초명이와 같겠는가. 이 세상은 부처님 국토입니다. 바로 육바라밀을 닦고 실천 수행하는 것만이 이 세상을 바르게 세우는 일입니다.

아시겠습니까? 진일보하시기 바랍니다.

(노사께서 주장자 세 번 치시고는 법상에서 내려오시다.)

佛紀 2518(1974)年 3月 24日
曹溪寺

---

* 1974년 3월 24일 조계사에서의 법문. 이 법어는 당시 시국이 어수선할 때 불교 지도자로서 전 국민에게 법어로 대변하신 법문이다.
* 초명 : 아주 작아 눈에 보일까 말까 하는 벌레 이름, 상상의 작은 생명.

밖으로 다툼 없는 덕을 쌓아라

上堂 拈起拄杖 云
(상당하여 주장자를 들어 이르시기를)

這箇道理 如何道得?
이 도리는 어떤 도리인가?

拄杖三下
(주장자 세 번 치시고)

會麽
아시겠습니까?

明歷歷處에 雲藏深谷하고
深密密地에 日照晴空이라.
밝고 역력한 곳에 구름은 깊은 계곡에 잠겨 있고,

깊고 밀밀한 땅에 해는 맑은 하늘을 밝히도다.

欲識 這箇事댄 須參祖師關이어다. 發心大若海하고 立志如杲山이로다.

把定則雲橫谷口하고 放下也月洛寒潭이라 하였으니 結制란 斷常 二見落이요. 解制란 말도 四句百非니라.

이 도리를 알고자 할진대는 모름지기 조사선을 참구할 것이요, 발심은 큰 바다처럼 하고 뜻 세움은 산과 같이 할지니라.

정(定)에 든 즉 구름이 계곡을 막고, 놓은 즉 또한 달이 차디찬 못에 떨어짐이라. 결제란 말도 단견·상견 이단에 떨어지는 것이며, 해제란 말도 사구백비에 걸리게 되는 것이니라.

不作兩邊一句를 대중은 속히 일러라.
지음이 없는 양변의 일구를 일러라.

大衆이 默然하니 拄杖子 一下하시고 云
(대중이 묵연하니 스님께서 주장자 한 번 치시고 이르시길)

牧童嶺上一聲笛하니
驚起群鶴遠樹飛니라.
목동이 산등성이에서 피리를 부니
놀란 학이 멀리 나무숲으로 날아가도다.

영가스님께서 "절학무위한도인(絕學無爲閑道人) 부제망상불구진(不除妄想不求眞)"이라 했습니다. "배움이 끊어진 함이 없는 한가한 도인은 망상을 버릴 것도 없고 참성품을 구할 것도 없다." 하셨으며, 또 어떤 스님은 "평상심(平常心)이 도(道)"라 하였으니 이러한 경지에 있어 어찌 결(結)과 해(解)가 있을 것이며, 시(始)와 종(終)이 따로 있을 수 있겠습니까마는 초심으로 도를 배우고자 하는 이들로서는 공부 지어감을 더욱 향상시키기 위한 편의상 방법입니다. 부처님 재세시부터 우기와 건기의 두 철로 공부하였으니 오늘날 우리나라는 부처님 법도를 따라 결제(結制)와 해제(解制)를 하는 것입니다.

3개월 동안 대용맹심과 대분심을 일으켜 정진하면 범부를 초월하여 부처의 경지를 이룰 근본이 되는 것이며, 견성성불하여 불조의 은혜에 보답해야 할 터전을 만드는 것입니다. 한번 몸을 잃어버리면 만겁 동안 한탄할 것이니 부지런히 갈고 닦아가기 바랍니다.

그래도 우리는 다행히 사람 몸을 얻었으며 더구나 불법(佛法)까지 만나지 않았습니까? 어찌 호말인들 게으름만 피울 수 있으며 방일(放逸)이 있을 수 있겠는가? 선가의 가풍에는 선농일치이니, 근로가 곧 선이 되게 하며, 정진밖에 따로 근로가 없음이니, 근로가 곧 선이 되게 하여야만 합니다.

선(禪) 생활에 있어 '노동이 곧 선이다.' 하고 함께 닦아 가면, 이것이 선농일치가 되는 것입니다.

內勤克念之功하고
外弘不諍之德이라.
안으로 부지런히 공력을 닦고
밖으로는 널리 다툼이 없는 덕을 쌓아야 합니다.

백장스님의 일일부작(一日不作)이면 일일불식(一日不食)의 청규를 지어 수행자들에게 실천궁행하지 않으면 진정한 납자의 정신이 아니라 했습니다.

방일과 게으름은 자신을 도탈하는 데 적일 뿐 아니라, 시은(施恩)의 무거운 업까지 짊어지게 된다는 것을 폐부에 깊이 명심하면서 뼈를 깎고 살을 도려내는 정성이 있어야 견성을 할 것입니다.

做功先觀心하고
爲法更忘軀어다.
活句自疑破하면
方名大丈夫로다.
공부에는 먼저 마음을 보고
법을 위해서는 몸을 잊어라.
활구를 스스로 타파하면
두루 대장부라 이름하리라.

竪起拄杖 云
(주장자를 세우시고 이르시기를)

壁隙風動이요

心隙魔侵이로다.

벽에 틈이 생기면 바람이 들어오고

마음에 틈이 생기면 마구니가 침범하도다.

打床三下

(주장자로 법상을 세 번 치시고 내려오시다.)

佛紀 2518(1974)年
曹溪寺 夏安居 宗正

山처럼 움직이지 말라

竪起拄杖 三下云
(주장자를 일으켜 세우시고는 세 번 법상을 내리치시고 이르시기를)

會麼
알겠습니까?

非聖非凡이라 無染無淨하여
水洒不着이요 風吹不入이다.
이 도리는 성인도 아니요, 범부도 아니요.
물들지 않고 깨끗한 것도 아닙니다.
물에 젖지도 않고 바람이 들어오지 못함이라.

劫火洞然常自安
虛空包納在其間

塵沙劫盡何須變
劫劫霜風徹骨寒
겁화가 통연하나 항상 편안함이요.
허공은 온통 그 안에 싸안고
겁이 다해도 어찌 변하리요.
긴 세월 풍상에 철골만 시리도다.

『반야경』에서 '부처님께서 말씀하시길, 너희 중생들이 위없는 정각을 깨닫기 위해서는 게으르지 말고 정진하여야 한다.' 하였습니다.

『법집요송경(法集要誦經)』에 부처님께서 말씀하시되, 뱃사공은 배를 잘 다루며, 무사는 활을 잘 다루고, 목수는 나무를 잘 다룹니다. 지혜 있는 사람은 근본 마음을 잘 다루어야 합니다.

이제 구순 겨울안거에 들어가 참선 정진하는 사부대중들은 셋을 잘 갖추어야 할 것이니라. 셋이란 첫째 대신심을 발하여 구순 동안 나태함이 없이 산과 같이 움직이지 말아야 할 것이요, 둘째는 대분심을 일으켜 꼭 이번 결제에는 불조와 같이 될 것을 맹서하고, 셋째 행주좌와에 있어 화두를 한결같이 의심하여 잠자지 않고 밥 먹음을 잊는 경계에 도달하면 확연히 본래의 면목을 크게 깨치게 됩니다.

靈明一物蓋天地
內外推尋沒巴鼻

思量意窮不奈何
知君不肯拈花示
신령한 물건이 천지를 덮어
안과 밖을 두루 찾아도 코끝도 보이지 않네.
헤아려 뜻을 다하여도 어찌하지 못하니
그대는 아는가, 염화시중도 맞다 할 수 없음을.

拄杖一下
(주장자를 다시 한 번 치시고는)

會麼
알겠습니까?

欲窮千里目
更上一層樓
천리를 바라 보고저 할진댄
다시 한층 높은 누각을 올라갈지니라.

佛紀 2522(1978)年 陰 10月 15日
曹溪寺 冬安居 結制 法語

圓明一物白玉珠

竪起拄杖 云
(주장자를 세우고 말씀하시되)

會麼
아시겠습니까?

雲藏深谷
日照晴空
구름은 깊은 골짜기에 잠기고
햇빛은 맑은 허공에 비치도다.

打床三下
(법상을 세 번 치시다.)

幾年出沒東西海하야

今日回船還本鄉하니

只伊胎悅斷形言하야

微笑相逢賓主情이로다.

몇 해를 동서 바다에서 들고 났던가

오늘 배를 돌이켜 본 고향에 돌아오니

참으로 이 기쁨을 어찌 형언할 수 있을까

미소 짓고 서로 만나니 손님과 주인 옛정이로다.

구순 안거 동안 일체의 외출을 금하고 화두를 들고 정진하신 전국 수좌들은 그 절언, 절려하고 심행처멸한 경지를 얻었으면 곧 사회에 나가 널리 많은 사람들과 만나서 그들에게 수행한 본분사를 보여주어야 할 것입니다.

허나 아직도 얻지 못한 바가 있으면 다음 안거 시에는 꼭 얻어야 하겠다는 금강석과 같은 원력을 세워야 할 것입니다. 선사는 오직 한마음 깨닫는 것 이외는 생각하면 안 됩니다. 선사는 마지막 철관문을 뚫어 나갈 때 비로소 천득함이 있을 것입니다.

공부하는 사람은 결제 해제 따로 있지 않습니다. 오고 감에 걸림없다 함은 어떤 경계에도 마음에 걸림이 없어야 한다는 뜻입니다. 해제 동안 만행하면서 화두를 놓지 말고 정진하고 또 정진하길 바랍니다.

圓明一物白玉珠

到處應現光燦爛

動用翻興無價珍
知君利物無間斷

원명한 한 물건 백옥구슬은
도처에 응해 나투니 광채가 찬란하도다.
쓰임새마다 값칠 수 없는 보배니
그대는 아는가, 중생의 이로움 간단없음이라.

竪起拄杖 云
(주장자를 세워 법상을 세 번 치시고)

會麼
아시겠습니까?

世界同春
萬類總和
세계는 한 가지 봄이니,
만류가 다 총화하도다.

佛紀 2523(1979)年 1月 15日
曹溪寺 冬安居 解制 法語

크게 죽는 사람이 크게 산다

陞座 拄杖三下 一畵○相 擧示 云

(법상에 올라 묵연히 앉았다가 주장자를 들어 세 번 치고 일원상 ○을 그려 보이시고 이르시되)

竪窮三際
橫遍十方
黃河九踞
垂手過膝
세우면 삼제에 다하고
누이면 시방에 두루하니
황하강은 아홉 구비요
손을 내리니 무릎을 지남이로다.

今日大衆還知麼
諸佛出世 建立化門 不離三身智眼 亦如摩醯首羅圓伊三點

如何

 一隻眼水泄 不通緇素難辨

 一隻眼大地 全該十方通暢

 一隻眼高低 一顧萬類齊瞻

雖然如是 若是本分衲子 驀路相逢 別具正眼始得

所以道

금일 대중은 아시겠습니까?

모든 부처님이 세상에 출현하시어 교화의 문을 세우셨습니다. 삼신의 지혜 눈을 여의지 않았고, 또한 마혜수라의 원이 삼점과 같습니다. 왜 그런가?

 한 쪽 눈을 씻으니 희고 검은 것을 가리지 못하고

 한 쪽 눈이 대지에 있으니 온전히 시방을 통해 밝힘이라

| 직지사 일주문 |

한 쪽 눈이 높고 낮은 곳을 한 번 돌아보면 만 가지 무리를 가지런히 봅니다.

비록 이와 같으나 만약 본분납자라면 갑자기 길에서 서로 만났을 때 특별히 정안(正眼)을 갖추어야 비로소 얻었다 하리라.

三世諸佛不知有
狸奴白牯卻知有
삼세의 모든 부처님이 앎이 있지 못하니
살쾡이와 흰 암소가 도리어 앎이 있음이라.

且道 知有箇甚麽
또 일러라, 앎이 어느 곳에 있는가?

良久 云
(조금 있다가 이르되)

深秋簾幕千家雨
落日樓臺一笛風
깊은 가을에 구름이 덮이니 모든 집에 비가 내리고
해질녘 높은 누각에는 피리소리 바람을 타고 오네.

今日大衆還知麽
금일 대중은 아시겠습니까?

舒州投子山 大同禪師 趙州問

大死底人 却活時 如何

大同答曰

不許夜行投明須到

趙州曰

我早猴白 伊更後黑

서주에 투자산 대동선사에게 조주스님이 묻기를,

"크게 죽은 사람이 도리어 살아났을 때 어떠합니까?"

대동선사 답하기를,

"밤길 가는 것을 허락지 않아도 밝음이 스스로 이르러 옴이라." 하니

조주스님 말하길,

"내가 일찍이 후백이라면 너는 후흑이구나."(도적 중에 더 큰 도적을 말함)

師頌曰

(사께서 게송으로 말씀하시되)

大死底人還却活

不許夜行投明到

陳州人出許州門

翁翁八十重年少

크게 죽은 사람이 도리어 살아난다 하니

밤이 가기를 허락지 않아도 밝음이 스스로 옴이며
진주 땅에 사람이 허주 땅에서 나오니
팔십 먹은 노인이 다시 젊어지는구나.

釋迦牟尼 부처님은 雪山에서 完全히 死中得活하여 丈夫, 天人師, 佛世尊이 되었고 歷代祖師도 如是死中得活하여 大宗丈의 善知識으로 活潑受用하였습니다.

今日 冬安居 대중께서도 死中得活하여 開一隻眼하면 佛祖의 關門을 踏破透過하면 一生麽學事畢하여 大安心受用할 것이며 大宗丈의 善知識으로 出現할 것입니다.

석가모니 부처님도 설산에서 완전히 죽었다가 다시 살아나는 수행을 하셔서 장부·천인사·불세존이 되었고, 역대 조사스님도 이와 같이 크게 죽었다 다시 살아났기 때문에 대종장(大宗丈)의 선지식으로 활발하게 살아가셨습니다.

금일 동안거 대중께서도 죽은 가운데 삶을 얻어 하나의 눈을 열어 간다면 불조의 관문을 밟아 투과하면 일생 참선해야 할 일을 다 마칠 것이며, 대안심(大安心)을 굴리고 대종장의 선지식으로 출현할 것입니다.

頌曰
(송으로 말하기를)

本爲萬象主요

亦爲衆生母라

人人悟此理하면

萬事周圓通하리라.

본래만상의 주인이요

또한 일체 중생의 어머니라.

사람사람이 이 이치를 깨달아 가면

만사에 두루 원만히 통하리라.

今日 大衆이여 不入虎穴이면 爭得虎子리요

요번 冬安居에 奮發 勇猛精進하여 迅速 開一隻眼하여 了達一大事하기를 至禱至禱하시다.

喝

금일 대중들은 호랑이 굴에 들어가지 않으면 어찌 호랑이 새끼를 얻으리오.

이번 동안거에 분발, 용맹정진하여 신속히 一隻眼을 열어 가기를 지극히 빌고 지극히 비노라.

할!

拄杖三下 下座하시다.

(주장자를 세 번 치시고 하좌하시다.)

佛紀 2517(1973)年
直指寺 冬安居 結制 法語

남산북산 달빛이 고요하구나

上堂起 拄杖子 虛空 三劃後 云
(상당하여 주장자를 세워 허공에 삼 획을 그은 후에 이르되)

會麽
아시겠습니까?

금일 대중이 만약 이 소식을 알아간다면 안거수행이 필요가 없으며 백억세계를 마음대로 수용하리라.
만약 그렇지 못하면 다시 발심하여 퇴전치 말고 용맹심을 발해서 태산과 철석같이 뜻에 서원을 세우고 철저히 수행하여 신속히 불과를 성취해야 되느니라.

(법문 중에 한 학승이 자리에서 일어나 물었다.)

"어떤 것이 부처입니까?"

스님께서 말씀하시되

"옷 입고 밥 먹느니라."

학승이 다시 물었다.

"우둔하여 잘 모르겠으니 다시 일러 주십시오."

스님께서 말씀하시되

胸題卍字요

背負圓光이니라.

가슴에는 만 자요

등 뒤에는 둥근 광명이라.

이 도리를 아시겠는가?

만약에 알지 못했을진대 고인의 말씀을 빌려 말할테니 자리에 앉으라.

過去蓮花峰庵主가 (雲門의 三世孫) 一日 擧示拄杖子 大衆고 云하되

古人何故로 到底裏하야 拄杖住著爲忌嫌이니 玆箇言句를 識得者速道하라.

과거 연화봉 암주가 하루는 주장자를 들어 대중에게 보이고 이르되

옛사람이 어찌해서 이 속에 이르러서 주장자라고 집착하는 것을 싫어했겠는가? 이 말을 알아들은 사람이 있다면 한 번

일러보시게.

師께서 良久했다가 云
(대중이 말이 없자 스님께서 조금 있다가 다시 한 번 말씀하시길)

蓮花峰庵主가 拄杖子를 擧示한 것과 今日 山僧이 拈拄杖
子告 虛空三劃擧示 한 것이 別也 不別耶
  연화봉 암주가 주장자를 들어 보인 것과 금일 산승이 주장자
를 들어 허공에 삼 획을 그어 보인 것이 다른가 다르지 않은가?

大衆 默無言하니 師 拄杖一打 云
(대중이 조용히 말이 없자 스님께서 주장자로 법상을 한 번 치
시고 이르시기를)

一雨過三千
靑山峰色好니라.
한 번 내리는 비가 삼천을 지나가니
푸른 산봉우리마다 색이 좋구나.

時會大衆!
會麼?
시회대중이여!
아시겠습니까?

연화봉 암주는 깨진 무쇠솥에 나물 먹고, 띠풀로 지붕을 엮어 햇볕을 막고, 일생을 정진하면서 살았습니다. 오직 불조의 은혜를 갚기 위하여 한 몸 던졌으니 어찌 불조의 심인(心印)을 전함이 아니겠는가?

요즈음 수좌들은 여기 기웃, 저기 기웃거리다가 세월 다 보내고 시절인연이 못 되는가보다 하고 물러서니 도(道)하고는 점점 멀어지는 것입니다. 수행자는 오직 한길을 걷되 처음 마음먹었던 것을 놓치지 않으면 시절인연이 도래할 것입니다. 참선 수행하는 선객은 삼요(三要)를 철저히 닦고 이치에 맞는 말과 이치에 맞는 행을 해야 하나니 이것이 선사들이 가는 길입니다.

구순 안거를 어찌 헛되이 할 것입니까?

본분종사를 잊지 말고 뚜벅뚜벅 걸어가야 합니다. 서두를 것 없습니다. 이 한 생 안 태어난 셈치고 공부해야 합니다.

『선요』에서 고봉화상은

拘天括地量하며
斬釘鐵頭機하나니
果有如是功하야
打龍羅鳳首리라.
하늘을 싸고 땅을 움켜잡으며
철못을 자르는 기개가 있어야 하나니
과연 이와 같은 공부가 있음이라야

용을 타고 봉황을 잡을 수완이 있다고 보리라.

또 참선하여 공부하여감에 마치 모기가 무쇠로 된 소에 덤벼드는 것과 같이 함부로 주둥이를 댈 수 없는 곳에 목숨을 걸어 놓고 대들어야 합니다.
언젠가 문득 몸뚱이채로 들어갈 때가 있을 것이다.

오늘 결제 대중은 밭을 쟁기로 가는 것과 같이 인욕으로 밭을 갈고, 호미로 풀을 뽑는 것과 같이 정진으로써 무명초(無明草)를 매야 할 것입니다. 공부를 지어가다 보면 여러 가지 병에 걸리게 됩니다. 참선병 중에 부처의 병, 조사병, 시비병, 생사병, 조사선, 여래선, 의리선 등 온갖 여러 가지 마음으로 갈등을 만들어 간다면 아무 도움이 없습니다. 내가 일용하고 있는 시은의 무게를 알고 정진 또 정진하여야 합니다.

사람의 목숨이 숨 한 번 들이쉬고 내쉬지 못하면 내생이다.
항상 도량에 안주하면서 선객다운 기개는 있는가
쓸데없는 잡담이나 나누면서 시비를 일삼고 있지는 않는가
앉고 눕고 편할 때에 지옥의 고통을 생각하는가
지금 이 육신으로 윤회에서 벗어날 자신이 있는가.

잘 살펴가야 합니다.
오늘도 그럭저럭 내일도 그럭저럭 보낸다면 출가한 의미가 하

나도 없습니다. 게으르지 말고 정신 차려 정진해야 합니다.

(주장자로 선상을 한 번 치시고는)

南山北山風月在하니
春來依舊百花香이라.
남산북산에 바람과 달빛 고요하니
봄이 오면 백 가지 꽃이 향기로우리라.

(다시 주장자를 들어 보이시고는 법상에서 내려오시다.)

佛紀 2519(1975)年
直指寺 冬安居 結制 法語

눈 속에 오동나무꽃(桐華)이 활짝 피다

陞座 拄杖三下 云

(스님께서 법상에 올라 묵연히 앉아 계시다가 주장자를 세 번 치고 들어 보이시고)

會麽
아시겠습니까?

여기에 이르러서는 설사 눈썹 말을 건네기 이전에 즉시 알았다 하더라도 벌써 두 머리에 떨어진 사람이며, 천성도 입을 벽상에 걸어놓고 침묵하고 부처와 조사도 천 리나 물러감이라.

금일 대중은 아시겠습니까?

입을 열면 그르침이요, 입을 열지 않은 즉 또한 옳지 못하네.

만약 여기를 향하여 하나의 길을 얻어 밀어 붙인다면 바로 부처와 동참하는 것이니라.

동참자는 무엇인가?

大衆默無言하니 大宗師께서 良久 拄杖一打 云

(대중이 묵묵부답 말이 없으니 대종사께서 한참 있다가 주장자로 법상을 한 번 치시고 이르시기를)

八公山頭已了答
雪裏桐華開爛發
喝

팔공산이 이미 대답해 마쳤고
눈 속에 오동나무 꽃이 활짝 피었도다.
할!

옛 사람의 말씀을 인용하여 한 말씀 드리겠습니다.

| 동화사 금당선원 |

풍주 용담 숭신선사가 어느 날 천황에게 묻되, "제가 여기에 온 이래 아직껏 화상께서 심요를 일러주심을 받은 적이 없습니다." 하니 천황이 대답하여 말하기를, "나는 그대에게 심요를 일러주지 않은 적이 없느니라." 했습니다. 숭신선사가 다시 묻되, "어디가 일러주신 경지입니까?" 하니 천황이 대답하기를, "그대가 차를 올리면 내가 그대를 위해 맞이했고, 그대가 밥을 가져오면 내가 그대를 위해 받았고, 그대가 합장 배례할 때 내가 바로 손을 들어 인사했는데 어디가 심요를 보여주지 않음이 있는가?" 하니, 숭신선사가 우두커니 생각하는 동안에 천황이 "보려면 당장 볼 것이지 생각으로 헤아리면 어긋나느니라." 하자 숭신선사는 당장에 깨달았습니다. 그리고는 다시 묻기를, "어떻게 보임(保任)합니까?" 하니 천황이 말하되,

　　任性逍遙하고
　　隨緣放曠이요
　　但盡凡心이언정
　　別無聖解니라.
　　성품에 맡기어 노닐고
　　인연 따라 크고 시원하게 내려놓을지니라.
　　다만 범부의 망령된 생각만 다할 뿐이지
　　별달리 성현의 견해가 없느니라.

　　法眞一이 頌하되

법진일이 송하되

龍潭昔日見天皇하니
心要法門無隱藏이로다.
二六時中常爲說이어늘
臨機自是不承當이로다.
용담이 지난날에 천황을 만났는데
심요의 법문을 숨기지 않았네.
이육시중 언제나 지시해 주었거늘
기회마다 스스로가 알아듣지 못했네.

師曰
선사가 가로되

二六時四威儀內
平常心眞我不識
天皇直說一見後
始覺從前錯用心
일상 생활하는 모든 곳에서
평상심이 '참 나'인 줄 알지 못하였다가
천황이 말씀을 한 번 들은 후
비로소 종전의 마음 씀이 틀렸음을 깨달았네.

앙산이 동산을 찾아뵈었다. 동산께서 묻되, "그대는 어디 사람인가?" 하니 선사가 대답하되, "강남 사람입니다." 이에 동산이 말씀하시되, "내가 들으니 강남에는 진해(鎭海)의 밝은 구슬이 있다는데 어떠한가?" 선사가 말하되, "보름부터 그믐까지는 숨고 초하루부터 보름까지는 나타납니다." 동산께서 묻되, "얻어가지고 왔는가?" 선사께서 대답하되, "얻어가지고 왔습니다." 동산께서 말씀하시되, "노승에게 가져와 어떠한지 보여주게." 하니 선사가 두 손을 모아 맞잡고 앞으로 가까이 가서 말하되, "제가 어제 위산에 갔더니 역시 이 구슬을 찾으시던데 대꾸할 수 있는 말이 없었고 서술할 도리가 없었습니다." 동산께서 말씀하시되 "참 사자새끼가 잘도 포효하는구나! 마치 초명충이 모기 눈썹 위에 집을 짓고 번화한 사거리를 향해 외치기를 땅은 넓고 사람은 드무니 마주치는 사람이 적구나 하는 것과 같도다."

法眞一이 頌
법진일이 송하되

> 鎭海明珠到處晶하니
> 從來一顆自圓成이로다.
> 仰山東山贈遷索하니
> 叉手還將取次呈이로다.
> 진해의 밝은 구슬 도처에 빛나니
> 원래 한 알이 저절로 원만하도다.

앙산이 동산의 달라는 청을 받자
두 손 모아 맞잡고 차례차례 집어주었네.

師曰
선사께서 말씀하시길,

人人本具眞明珠
離色離聲離名字
自在活用觸處通
獅子窟中喉獅子
누구나 본래 참 밝은 구슬을 갖추고 있어
색을 여의었고 소리와 이름도 여의었다
마음대로 널리 쓰니 만나는 곳마다 통하네
사자의 굴속에는 사자의 울음이로다.

소한은 칠일이요, 대한은 구순이라. 무상이 신속하니 틈을 두지 말고 머리에 붙은 불을 끄듯이 철저히 화두참구하여 석 달 안에 생사대사를 결판내서 일을 끝마친 사람이 되어주기 바랍니다.

春風得意馬蹄疾
一日看盡長安華
봄바람에 뜻을 얻으니 말발굽처럼 빠르게
하루에 장안의 아름다움을 다 보아 마치도다.

拄杖三下 下座하시다

(주장자를 세 번 치시고 법상에서 내려오시다.)

[참고] 天皇道悟는 당나라 石頭稀遷의 法을 이었다.

佛紀 2523(1979)年
桐華寺

7

戒說

고암대종사 수계산림 법문

전계화상이 수계법문에 앞서 3일간 삼사로부터 법문을 들었다.
마지막 날 수계제자들이 이 법문으로 수계함으로써 마친다.

　상당하시어 주장자를 들어 보이시며,
　불계(佛戒)는 천하대계로서 목격전수(目擊傳受)로서 다 이루어집니다.

　여러 날 동안 여러 불자님들은 갈마사와 교수사 칠 증사님들로부터 보살계 법문을 들었습니다. 이제 여러분들께서 불계(佛戒)인 보살계법을 받아 수지하고 닦아서 보살지위에 올라갈 것입니다.

　불계는 천하대계로서 영산당시로부터 오늘에 이르기까지 세세에 이어져 왔습니다. 오늘 이곳 선찰 대본산 범어사에서 부처님 불계를 받는 여러분들은 오로지 부처님께서 유촉하신 사분율의와 보살계법을 잘 수지하고 늘 몸에 익혀서 성불의 인연을 닦아서 여래의 땅에 이르도록 하여야 합니다.

　자세히 말하자면 보살대계는 천성의 땅이며, 만 가지 선의 기본이며, 감로문을 여는 길이고 보리도에 이르는 행로입니다.『범망경』에 이르기를, 중생이 계를 받으면 바로 불지의 지위에 오른다 하였으니 이는 깨달음 마음인 연고입니다.

깨달은 마음을 부처라 하며 깨닫지 못하면 중생이라 합니다.

이는 또 노사나 부처님께서 십지법문을 설하시어 보살의 율의를 마련하시었기 때문에 오늘의 여러분들께서 불계를 받는 것이니 어찌 부처님의 은혜가 아니겠습니까. 계는 억천만억의 중생을 구제함이요, 부처님의 자비한 도화(度化)이기도 합니다. 오늘 여기 모인 대중은 전생에 심은 인연과 불(佛) 종자가 원만하여 일불승의 대승계를 얻게 됩니다.

대저 보살계를 받는 이가 나는 보살이 되는 것은 보현보살이나 문수보살이나 관세음보살 같은 보살이 받는 것이라 하고 받지 않는다면 이는 일승의 종자를 파멸하는 것이라 하고, 이는 옛 성인의 말씀을 거역하는 것이니 세세생생 불지에 들지 못하는 것이거늘 어찌 보살계를 받지 아니할까.

『화엄경』에서도 부처님은 부처와 중생과 마음 셋이 차별이 없다 하시었으니 오늘 보살대계를 받는 여러 선학(善學)보살은 반드시 불지에 오르게 될 것입니다. 또『범망경』에 이르시기를 마음이 있는 중생들은 모두 다 마땅히 불계를 섭(攝)한다 하시니 사람의 몸을 받은 이가 어찌 마음이 없으리오. 그러니 오늘 보살계를 설함과 받는 것은 부처님의 은총입니다.

조사께서 이르시기를 마음이 곧 부처요, 부처를 떠나 마음 따로 없다 하시었습니다. 일체 몸과 마음을 지닌 이는 모두가 불성을 갖추어 있습니다.

모든 부처님 가르침의 방법은 아직 깨닫지 못한 중생이라도 불성계를 주어 그들로 하여금 미혹에서 벗어나 자성의 원만한 공덕을 성취하게 한다 하시었습니다.

또 『법구경』에 이르기를, 계(戒)의 성품이 마치 허공과 같다 하시었고, 『대반야경』에 이르시기를, '불계를 지키는 자는 모두가 천상에 태어난다고 하였습니다. 보살계에는 십중계(十重戒)와 사십팔경구계(四十八輕垢戒)가 있습니다. 이는 무겁고 가벼운 것이니 비록 경중은 다르지만 모양을 따라서 설한 것이다.'라고 하시었습니다.

이제 내가 묻고 답하겠습니다.

번뇌가 많고 근기는 미약하고 죄업은 두텁습니다. 그런데도 계를 받을 수 있습니까.

(답) 지금 계를 설하고 베푸는 것은 죄업이 두텁고 근기는 미약하고 번뇌가 많은 자들을 위하여 불계를 설합니다. 불계를 받으면 모든 번뇌는 사라질 것이요, 근기는 살아날 것이며, 죄업은 녹아질 것입니다. 오직 생각 생각 중에 보리는 자라나고 불성은 청정하여 영겁이 지나도록 대승의 도리를 깨닫고 일체 공덕은 빛이 날 것입니다. 죄업은 무겁고 업장은 깊은 이들을 위하여 내가 부처님으로 하여금 불계를 주리라. 설사 죄업이 두텁다 하더라도

불계를 받으면 청정한 마음을 얻으리라. 『보살영락경』에 부처님께서 이르기를, 과거 현재 미래의 일체 중생이 보살계를 받아야 비로소 삼보의 바다에 든다 하셨습니다.

오늘의 보살과 미래의 보살이 백천 위의를 지키고 중생을 불쌍히 여기는고로 머무는 도량에서 수행에 전력하고 부처님 자식이 되도록 하여야 합니다. 위의 법사 비구가 항상 절에 머물면서 보살이 행할 도리를 잘 실행하지 못할지라도 대승의 법계를 잘 지켜야 할 것입니다.

또한 비구는 삼취정계를 성취하여야 합니다.

삼취정계란

첫째는 섭율의계(攝律儀戒)이니, 부처님 율의를 잘 지키는 것입니다.

둘째는 섭선법계(攝善法戒)이니, 일체 부처님의 법을 잘 보호하고 수지하는 것입니다.

셋째는 섭요익중생계(攝饒益衆生戒)이니, 항상 중생을 사랑하고 요익되게 하는 법을 지켜야 하는 것입니다.

『결정비니경(決定毘尼經)』에 부처님께서 말씀하시길, "우바리여! 가령 보살계를 행할 때에 아침에 계를 범하고 낮에 이르러 보리심을 내어 끊어짐이 없다면 삼취정계를 이룸이 된다." 하시었습니다. 이로써 보살이라 함은 무상 대보리심을 발하여 계를 받는 것이니 보리심과 사홍서원을 이뤄야 할 것이니라 하였습니다. 또 이르기를, 왕이 계를 받으면 백성의 존경을 받는 것과 같아서 계를 받아 호지하는 사람은 성인의 종자를 잃지 않게 되리라. 또 출가 비구가 능히 보살계를 잘 지니면 능히 청정하게 되고 온전히 부처님과 같이 되리라. 항상 용성조사님께서 이르시기를, 계를 받음이란 부처님의 광명과 같아서 항상 밝은 빛 속에 사는 것이라 하시면서 삼가이 잘 지키고 호지하라 하셨습니다. 항상 시방계법이 밝은 태양과 같음이라 하셨습니다.

이제부터는 십중대계를 설하겠으니 대중은 반드시 꼭 지키겠다는 서약을 해야 비로소 계를 수지하게 되는 것입니다.

이미 목격전수만으로도 부처님 계를 받았으나 그것은 도리가 그러함이요, 불계는 주는 사람과 받는 사람이 있습니다. 내가 "계를 능히 받겠는가?" 하면 따라서 "능히 받겠습니다."라고 답해야 합니다. 이어서 열 가지 중요한 계를 설하겠습니다.

第一 살계(殺戒)이니, 살생을 경계하는 계이니라.

부처님께서 말씀하시길, 너희 불자들은 스스로 죽이거나 남을 시켜 죽이거나, 방편으로 죽이거나, 죽이는 것을 보고 따라 찬탄하거나 기뻐하거나, 주문으로 죽게 하는 그 모든 것을 범하지 말지니라. 죽이는 인이나 죽이는 연이나 죽이는 방법이나 죽이는 업을 지어서 일체 생명이 있을 것을 짐짓 죽이지 말지니라. 보살이 마땅히 자비심과 효순심을 일으키어 방편으로 일체 중생을 구호하여야 할 것이거늘 도리어 방자한 마음과 즐거운 마음으로 살생하는 것은 보살의 바라이죄이니라.

第二 도계(盜戒)이니, 도둑질하는 것을 경계하는 계이니라.

차례의 둘째는 도둑질함을 경계하는 계이니 너희 불자들은 스스로 훔치거나, 남을 시켜 훔치거나, 방편으로 훔치거나, 주문으로 훔치거나, 훔치는 인이나 훔치는 연이나 훔치는 업을 하여 주인이 있는 것이거나 도적들이 훔친 것이거나, 일체의 바늘 한 개, 풀 한 포기라도 훔치지 말아야 할지니라. 보살은 마땅히 불성에 효순한 마음과 자비한 마음을 내어 항상 사람들을 도와서 복이 되고 즐거움이 나게 할 것이거늘 도리어 다시 남의 재물을 훔치는 자는 보살의 바라이죄이니라.

第三 음계(婬戒)이니, 음행을 경계하는 계이니라.

차례의 세 번째는 음행을 경계하는 계이니라. 너희 불자들이여! 스스로 음행하거나, 남을 시켜 음행하거나, 내지 일체 여인네와 짐짓 음행하지 말지니라. 음행하는 인과 음행하는 연과 음행하는 업을 지어서는 아니 되느니라. 보살은 마땅히 효순한 마음을 내어 일체 중생을 구원하고 제도하여 청정한 법을 일러 주어야 하거늘 도리어 다시 모든 사람들에게 음욕심을 일으켜서 축생이나 모녀와 자매와 육친을 가리지 않고 음행하여 자비심이 없는 자는 이 보살의 바라이죄이니라.

第四 망어계(妄語戒)이니, 거짓말, 이간, 꾸밈말, 욕설 등을 경계하는 계이니라.

차례의 네 번째는 거짓말함을 경계함이니라. 너희 불자들이여! 스스로 거짓말을 하거나, 남을 시켜 거짓말을 하거나, 방편으로 거짓말을 하여 거짓말하는 인과 거짓말하는 연과 거짓말하는 법과 거짓말하는 업을 하여 내지 보지 못한 것을 보았다 말하거나, 본 것을 보지 않았다고 말하여 몸이나 마음으로 거짓말을 하지 말지니라. 보살은 항상 바른 말을 하고 바른 소견을 가져야 하며 또한 일체 중생들에게도 바른 말과 바른 소견을 갖게 해야 하거늘 도리어 다시 일체 중생들에게 삿된 말과 삿된 소견과 삿된 업을 내게 하는 자는 바라이죄이니라.

第五 고주계(酤酒戒)이니, 술을 마시거나 팔지 말라는 계이니라.

차례의 다섯째는 술 팔음을 경계하는 계이니라.
너희 불자들이여! 스스로 술을 팔거나, 남을 시켜 술을 팔거나 하여 술파는 인이나 술파는 연이나 술파는 방법이나 술 마시는 업을 하여 일체 술을 팔지 말지니라. 이 술은 죄를 일으키는 인연이 되느니라. 보살은 마땅히 일체 중생들에게 전도된 마음을 내게 하는 자는 보살의 바라이죄이니라.

第六 설사중과계(說四衆過戒)이니, 사부대중의 허물을 말하지 말라는 계이니라.

차례의 여섯째는 사부대중의 허물 말함을 경계함이라. 너희 불자들이여! 출가한 보살이나 재가한 보살이나 비구나 비구니의 허물을 자기 입으로 말하거나, 남을 시켜 허물을 말하되 허물하는 인과 허물하는 연이나 허물하는 업을 하지 말지니라. 보살은 외도의 악인과 이승 악인이 불법에 대하여 비법과 비율을 말하더라도 항상 자비한 마음을 내어서 악인의 무리를 교화하여 대승에 대한 착한 신심을 내게 할 것이거늘 보살이 도리어 스스로 불법 중에 허물을 말하는 자는 보살의 바라이죄이니라.

第七 자찬훼타계(自讚毁他戒)이니, 자신을 칭찬하고 남을 비방하지 말라는 계이니라.

차례의 일곱 번째는 자기를 칭찬하고 남을 비방함을 경계하는 계이니라. 너희 불자들이여! 자기를 칭찬하고 남을 비방하거나, 또한 남을 시켜 자기를 칭찬하게 하고 다른 이를 비방하게 하되, 다른 이를 헐뜯는 인이나 다른 이를 헐뜯는 연이나 다른 이를 헐뜯는 방법이나 다른 이를 헐뜯는 업을 짓지 말지니라. 보살은 마땅히 일체 중생을 대신하여 다른 이를 헐뜯고 욕됨을 받되, 나쁜 일은 자기에게 향하게 하고, 좋은 일은 남에게 돌릴 것이거늘 도리어 자기의 공덕을 드러내고, 다른 이의 착한 일은 숨겨서 다른

이로 하여금 훼방받게 하는 자는 이 보살의 바라이죄이니라.

第八 간석가훼계(慳惜加毁戒)이니, 자기 것은 아끼고 남을 헐뜯음을 경계하는 계이니라.

차례의 여덟 번째는 자기의 것은 아끼고 남 헐뜯음을 경계함이니라. 너희 불자들이여! 스스로 아끼거나, 남을 시켜 아끼게 하되, 아끼는 인이나 아끼는 연이나 아끼는 방법이나 아끼는 업을 하지 말지니라. 보살이 일체 가난한 사람이 와서 구걸하는 것을 보거든 구하는 바를 모두 줄 것이거늘, 보살이 나쁜 마음과 미워하는 마음으로서 내지 한 푼의 돈과 바늘 한 개, 풀 한 포기라도 보시하지 아니하고, 법을 구하는 이에게는 한 구절의 법문과 한 마디의 게송과 조그마한 법도 일러 주지 아니하고, 도리어 다시 나쁜 말로 욕설을 하는 자는 보살의 바라이죄이니라.

第九 진심불수회계(瞋心不受悔戒)이니, 성내는 마음으로 참회를 받지 않음을 경계하는 계이니라.

차례의 아홉 번째는 성내는 마음으로 참회함을 받지 않음을 경계함이니라. 너희 불자들이여! 스스로 성을 내거나, 남을 시켜 성내게 하되, 성내는 인과 성내는 연과 성내는 법과 성내는 업을 짓지 말지니라. 보살은 마땅히 일체 중생에게 착한 마음으로 대하여야 할 것이거늘, 도리어 다시 일체 중생이나 내지 중생 아닌 무정물에 대하여서도 나쁜 말로 욕설을 하고, 성내어 화를 내어 풀지 아니하며, 그 사람이 참회하고 사과하더라도 오히려 성낸 마음을 풀지 않는다면 바라이죄이니라.

第十 훼삼보계(毁三寶戒)이니, 삼보 비방을 경계하는 계이니라.

차례의 열 번째는 삼보 비방함을 경계함이니라. 너희 불자들이여! 스스로 삼보를 비방하거나, 남을 시켜 비방하여 비방하는 인이나 비방하는 연이나 비방하는 방법이나 비방하는 업을 짓지 말지니라. 보살이 외도와 나쁜 사람들이 한마디라도 부처님을 비방하는 말을 들으면 삼백 자루의 창으로 심장을 찌르듯이 여겨야 할 것이거늘, 하물며 자신의 입으로 비방하리요. 신심과 효순심을 내지 아니하고 도리어 악인과 사견인을 도와서 비방하는 자는 보살의 바라이죄이니라.

모든 불자들이여!
잘 배우고 잘 익혀 불도를 가는 보살들이여! 보살의 열 가지 바라제목차를 마땅히 배워서 그 가운데에 낱낱이 티끌만큼도 범하지 말고 오직 부처님 계법만을 생각하고 지켜서 미래의 불종자가 싹이 나고 자라서 보살의 성불도를 이뤄야 할 것입니다.

만약 보살이 이런 불계를 잘 지녀야 할 것이니 계를 파하면 국왕의 지위와 전륜왕의 지위를 잃을 것이며, 불성의 종자를 잃어

성불할 연을 잃게 될 것이니라. 이 보살도는 일체의 보살들이 배워왔으며 지금 배우며 당래에도 배운다 하였으니 가히 공경하는 마음으로 이 계를 잘 호지할 것입니다.

이제까지 갈마스님의 참회과법과 수계 갈마를 하였습니다. 이제 선계상법을 하겠습니다. 먼저 이 전계사가 "지키겠느냐?" 하면 "지키겠습니다." 하여야 합니다. 그래야 수계가 되는 것입니다.

차례의 첫 번째는 너의 수계불자(受戒佛子)야!
너희가 금신으로부터 불신에 이르기까지 진미래제(盡未來際)토록 짐짓 중생의 생명을 죽이지 말라. 만약 살생을 범한다면 이것은 보살행이 아니며 42위 성인의 법(四十二位賢聖法)을 잃는 것이니 범하지 않고 능히 잘 지키겠느냐 말겠느냐?

(답) 잘 지키겠습니다.

차례의 둘째는 너의 수계불자(受戒佛子)야!
너희가 금신으로부터 불신에 이르기까지 진미래제(盡未來際)토록 짐짓 주지 않는 것을 훔치지 말라. 만약 범한다면 이것은 보살행이 아니며 42위 성인의 법(四十二位賢聖法)을 잃는 것이니 범하지 않고 능히 잘 지키겠느냐 말겠느냐?

(답) 잘 지키겠습니다.

차례의 셋째는 너의 수계불자(受戒佛子)야!

너희가 금신으로부터 불신에 이르기까지 진미래제(盡未來際)토록 짐짓 사음과 간음을 하지 말라. 만약 범한다면 이것은 보살행이 아니며 42위 성인의 법(四十二位賢聖法)을 잃는 것이니 범하지 않고 능히 잘 지키겠느냐 말겠느냐?

(답) 잘 지키겠습니다.

차례의 넷째는 너의 수계불자(受戒佛子)야!

너희가 금신으로부터 불신에 이르기까지 진미래제(盡未來際)토록 짐짓 망어를 하지 말라. 만약 범한다면 이것은 보살행이 아니며 42위 성인의 법(四十二位賢聖法)을 잃는 것이니 범하지 않고 능히 잘 지키겠느냐 말겠느냐?

(답) 잘 지키겠습니다.

차례의 다섯째는 너의 수계불자(受戒佛子)야!

너희가 금신으로부터 불신에 이르기까지 진미래제(盡未來際)토록 짐짓 술을 마시거나 술장사를 하지 말라. 만약 범한다면 이것은 보살행이 아니며 42위 성인의 법(四十二位賢聖法)을 잃는 것이니 범하지 않고 능히 잘 지키겠느냐 말겠느냐?

(답) 잘 지키겠습니다.

차례의 여섯째는 너의 수계불자(受戒佛子)야!

너희가 금신으로부터 불신에 이르기까지 진미래제(盡未來際)토록 짐짓 재가·출가 보살의 허물을 말하지 말라. 만약 범한다면 이것은 보살행이 아니며 42위 성인의 법(四十二位賢聖法)을 잃는 것이니 범하지 않고 능히 잘 지키겠느냐 말겠느냐?

(답) 잘 지키겠습니다.

차례의 일곱 번째는 너의 수계불자(受戒佛子)야!

너희가 금신으로부터 불신에 이르기까지 진미래제(盡未來際)토록 짐짓 자기 자랑을 하고 남을 헐뜯지 말라. 만약 범한다면 이것은 보살행이 아니며 42위 성인의 법(四十二位賢聖法)을 잃는 것이니 범하지 않고 능히 잘 지키겠느냐 말겠느냐?

(답) 잘 지키겠습니다.

차례의 여덟 번째는 너의 수계불자(受戒佛子)야!

너희가 금신으로부터 불신에 이르기까지 진미래제(盡未來際)토록 짐짓 간탐하고 욕설하지 말라. 만약 범한다면 이것은 보살행이 아니며 42위 성인의 법(四十二位賢聖法)을 잃는 것이니 범하지 않고 능히 잘 지키겠느냐 말겠느냐?

(답) 잘 지키겠습니다.

차례의 아홉 번째는 너의 수계불자(受戒佛子)야!

너희가 금신으로부터 불신에 이르기까지 진미래제(盡未來際)토록 짐짓 탐심을 내지 말라. 만약 범한다면 이것은 보살행이 아니며 42위 성인의 법(四十二位賢聖法)을 잃는 것이니 범하지 않고 능히 잘 지키겠느냐 말겠느냐?

(답) 잘 지키겠습니다.

차례의 열 번째는 너의 수계불자(受戒佛子)야!

너희가 금신으로부터 불신에 이르기까지 진미래제(盡未來際)토록 짐짓 삼보를 훼방하지 말라. 만약 범한다면 이것은 보살행이 아니며 42위 성인의 법(四十二位賢聖法)을 잃는 것이니 범하지 않고 능히 잘 지키겠느냐 말겠느냐?

(답) 잘 지키겠습니다.

차례의 첫째부터 마흔 여덟 가지의 경구계에 이르기까지 진미래제(盡未來際)토록 어기중간에 범하지 말지니라. 범하게 되면 사십이위현성법을 잃는 것이니 범하지 않고 능히 지키겠느냐 말겠느냐?

(답) 잘 지키겠습니다.

모든 불자들이여! 이제 삼 아사리(阿闍梨)와 칠증사(七證師)를 모시고 모든 계를 잘 수수(授受)하였습니다. 시방 부처님께 고하여 증명을 지어 주십사 하고 아뢰었으니 다시 호궤합장하시기 바랍니다.

〔羯磨和尙〕

우러러 바라옵건대 시방 무제무변(無際無邊)한 모든 세계 가운데 모든 부처님께 아뢰옵니다. 사바세계 남섬부주 동양 대한민국 부산시 동래 범어사 금강계단(金剛戒壇)에서 고암전계화상(古庵傳戒和尙)을 모시고 보살계를 받았습니다. 모든 불자들을 위하사 부처님께서는 증명하여 주시옵소서.

〔傳戒師〕

모든 불자들이여! 보살계를 받아 마치고 부처님이 증명하셨으니 지금으로부터 시방세계에는 여러 상서가 나타날 것입니다. 혹 청량(淸凉)한 바람이 불기도 하고, 혹 밝은 햇살이 비추기도 하고, 혹 주위에서 향기(香氣)가 나기도 하고, 혹 새소리와 천운 악이 들리는 것 같기도 하고, 혹 광명과 서상이 나타날 것입니다. 만약 이와 같거든 무슨 인연일까 하고 생각하며, 이는 오로지 부처님의 상서(祥瑞)인 줄을 알면 됩니다.

불법은 멸하지 않으며 오직 사람의 마음이 변할 뿐입니다. 그러므로 여러 불자들은 굳은 마음과 지극한 정성으로 보살도를 행하면 어떤 외마(外魔)도 침노치 못할 것입니다. 이 계를 무진이라 하고 평화라 하며 자비라 할 것입니다.『보살영락경(菩薩瓔珞經)』에 '일체범성(一切凡聖)이 모두 이 보살계로부터 나온다.' 하였으며 '계법도 무진이라.' 하였습니다. 이제 청정계를 잘 호지하시길 바랍니다.

모든 비구(比丘) 비구니(比丘尼) 선남자(善男子) 선여인(善女人) 수계 제자들이여! 수계 불사를 모두 마쳤습니다. 다 같이 합장하시고 '마하반야바라밀(摩訶般若波羅蜜)' 십념(十念)을 할 것입니다.

回向偈

〔引禮가 먼저 송하고 모두 따라 誦함〕

受戒功德殊勝行　無邊勝福皆回向
普願浸溺諸有情　速往無量光佛刹
回向因緣三世佛　文殊普賢觀自在
諸尊菩薩摩訶薩　摩訶般若波羅蜜

※삼사 칠증사께서 단에서 내려오시다.

불기 2515(1971)년 범어사에서 비구계 및 보살계를 설하시다.

目擊傳受

示衆 云하되
(대중에게 법문하시기를)

　　昔日靈山會上에 世尊이 拈花示衆하시고
　　今日山僧은 拈拄杖子 示衆하니 世尊의 拈花示衆과 같은가 다른가.
　　옛날 영산회상에서 세존께서 염화시중하시고 오늘 산승이 주장자를 들어보였으니, 세존이 연꽃을 들어 대중에게 들어 보이신 것과 같은가 다른가?

默然 自對 云하되
(잠시 계시다가 스스로 답하여 말씀하시기를)

　　北山에 起雲하니
　　南山에 降雨로다.

북산에 구름이 이니
남산에 비가 오도다.

계(戒)는 부처님이 내리시는 불계(佛戒)입니다. 이 불계는 역대로 전해지고 전수되어 왔습니다. 이것을 목격전수(目擊傳受)라 합니다.

계는 전해지고 받는 것입니다. 계는 전하는 사람과 계 받는 이의 눈이 마주칠 때 그러니까 계사의 자비한 눈과 수계자의 간절한 눈이 무념으로 마주볼 때 계가 형성됐다는 말입니다. 영겁을 두고 파괴됨이 없는 계는 이와 같이 받아지는 것입니다.

오늘 이 자리에 모인 현전대중들도 목격전수(目擊傳受)한 것임을 명심할 일입니다. 부처님 당시에도 부처님을 뵙고 부처님 눈과 마주칠 때 계는 받아 마쳤다고 합니다. 십대제자 천이백대중들이 모두 그렇게 계를 받은 것입니다. 낱낱이 계목을 설함 없이 마주보고, "어서 오너라 비구여! 선래비구(善來比丘)" 하면 곧 계가 전해지고 받아졌습니다. 그 어떤 형식보다도 마음에 바탕을 둔 계라야 금강석처럼 견고하여 무너지지 않는 것입니다. 그래서 지금 이 자리가 곧 금강계단입니다.

불교가 중국에 전래된 뒤 도선율사(道宣律師)가 남산종(南山宗, 律宗)을 세워 계율을 크게 숭상하더니 이어 고심율사(古心律師)는 청계산(淸溪山) 문수보살 앞에 수계하려고 삼보일배(세 걸음마다 절 한 번씩)하면서 삼 년을 걸려 청계산에 이르렀습니다. 그때 한 노승이 문득 나타나더니 "고심(古心)!" 하고 부르는 것이 아닌가? 고심율사(古心律師)가 깜짝 놀라 쳐다보았더니 "나는 문수보살이다. 계는 이미 전했으니 그대는 계를 받은 것이다." 하고는 홀연히 사라져 버렸습니다.

신라의 자장율사도 중국의 오대산에 들어가 계를 받으려고 문수보살상 앞에서 칠일칠야를 용맹 기도하셨습니다. 회향 날 새벽 한 노승이 나타나 마주보고는 "자장아, 나는 문수보살이다. 목격전수했으니 너는 이미 계를 받아 지녔느니라." 하고 부처님이 쓰시던 가사와 발우를 주고 사라졌다고 합니다.

이와 같은 불가사의한 전수는 금산사의 진표율사에게도 있었고, 지금으로부터 150년 전 지리산 칠불암 아자방에서 대은율사도 목격전수했습니다. 그래서 목격전수한 계는 불계이고, 법계이고, 승계이며, 심계·자성계·대승계·최상승계라 하였습니다.

그러나 이와 같은 수계는 상근대기에나 해당될 일이고 중하근기를 위해서 부처님은 다른 방편으로 설계하셨습니다. 즉 라훌라 존자가 어려서 출가하게 되자 지계제일인 우바리 존자로 하여금 사미십계를 일러주게 하였고, 혹은 비구 이백오십계와 비구니 삼백사십팔계를 설해 주고, 재가신도에게는 오계를 일러주어 신남신녀라 하고, 뒤에는 보살계를 일러주어 출가보살 재가보살이라 하였습니다.

부처님 계법의 근본은 삼취정계에 있습니다.

첫째는 섭률의계이니 모든 계율을 모아 중생의 악습을 없애게 함이요, 둘째는 섭선법계로서 팔만사천법문을 말하여 온갖 선을 닦게 함이요, 셋째는 섭중생계로서 대자대비의 마음으로 중생을 교화하는 것을 말합니다.

대소승의 온갖 계법이 다 이 가운데 속하지 않은 것이 없으므로 '섭(攝)'이라고 하고 그 계법이 본래 청정하므로 '정(淨)'이라 한 것입니다. 또 계는 불교 수행의 근본이 되는 것으로서 흩어지기 쉬운 중생의 마음을 거두어들이는 것입니다. 그래서 계를 그릇에 비유하여 계기가 완전해야만 정(定)의 물이 고인다고 합니다. 또한 지혜는 그 정(定)에서 이루어진 것입니다.

그러므로 삼학의 기초는 바로 이 계(戒)라고 할 수 있습니다. 탐(貪)·진(瞋)·치(癡) 삼독번뇌를 물리치려면 계정혜 삼학의 힘이 아니면 안 되는 것입니다. 항상 계를 닦아 탐욕을 제거시킴으로써 모든 악을 끊을 수 있는 것이고, 정을 닦아 성내기 쉬운 마음을 가라앉힘으로써 온갖 선행을 할 수 있으며, 지혜를 닦아 어리석음을 떨쳐 버림으로써 일체 중생을 제도하게 되는 것입니다. 부처님께서 열반하시기 직전에 '계로써 스승을 삼으라.'는 말씀은 만고불변의 유촉이며 우리 모두의 수행 요체인 것입니다.

이번에 여기 조계사 금강계단에서 보살계를 설하고 받는 일은 단순한 행사가 아닙니다. 우리들이 부처님 제자 된 본분과 사명을 거듭 맹서하고 다짐하는 계기가 되는 것입니다. 각박한 이 세상에서 부처님의 제자인 우리가 부처님의 혜명을 이어받아 부처님이 할 지혜와 자비의 행을 제자들이 대신하자는 것입니다.

계는 받는 것보다 지키는 데 그 의미가 있습니다. 어제까지의 우리는 이기적인 생활을 해 왔을지라도 오늘 이 자리에서 보살의 계를 목격전수한 제자들은 이타행을 함으로써 보살의 업을 닦아야 할 것입니다. 눈이 마주칠 때 받은 계라야 성불할 때까지 파계되지 않는다고 했는데 그럼 어떻게 지녀야 하겠습니까?

一塵入眼
外敵亂侵
한 티끌이라도 눈에 들어가면
바깥 도적이 어지러이 침범하리라.

佛紀 2512(1968)年 3月 31日
曹溪寺 金剛戒壇 傳戒和尙 古庵

菩薩戒

大像本無形이요
至虛色无類니라.
箇箇 盧舍那여
큰 형상은 본래 형체가 없음이요.
지극한 텅 빔은 모습 또한 없음이라.
낱낱 노사나부처님이시여!

常放戒光明이로다. 此是 金剛光明寶戒라. 大光明 百千法門과 無量功德과 戒定慧 三學과 神通變化가 具足합니다.
항상 계의 광명을 놓으심이로다. 이것이 금강광명 보배스런 계율이라. 큰 광명 속 백천 가지 법문과 무량한 공덕과 계정혜 삼학과 신통변화가 다 갖추었습니다.

탐진치와 죄업과 일체 번뇌망상, 일체 인과는 몽환과 같으며 삼계육도 해탈할 것도 없으며, 범부와 성현이 평등하고 중생과 부처가 똑같은 바탕을 가지고 있습니다.

다시 말하면 마음과 부처와 중생이 차별이 없다는 것입니다.

그렇긴 해도 작용과 받는 고락은 같지 아니하니 왜 그런가 하면 사람마다 짓는 업이 다르기 때문입니다.

여기에서 계(戒)란 삼귀의 오계(五戒)와 십중계(十重戒)와 48경구계(四十八輕戒) 내지 삼천위의(三千威儀) 팔만세행(八萬細行)이 벌어지게 된 것입니다.

연화장세계 노사나부처님께서 사자좌에 앉으시사 대광명을 놓으시고 심지법문인 보살계를 설하신 연유도 오로지 생사의 윤회하는 중생을 구제하기 위한 법의 문에 지나지 않습니다. 이 보살계는 금강광명보계이므로 모든 부처님의 근본이요 불성종자며, 보살도를 행하는 발판이요, 일체 중생의 바탕입니다. 우리 중생들은 끝없는 옛적부터 몸과 말과 생각으로, 탐진치로 말미암아 십악중죄를 수없이 지어왔습니다.

한 가지 살생계를 예로 들어보면, 재물을 보고 살생하면 탐심이 원인이 되고, 미워서 살생하면 진심이 원인이 되며, 어리석어서 살생하면 어리석은 원인이 되어 그 과보로 삼계와 육도에 윤회하면서 한량없는 고통을 받게 됩니다. 부처님께서 이를 가엾이 여기사 중생을 제도하시고자 계정혜 삼학을 설하신 것입니다.

그러므로 보살계는 해탈에 이르는 첫길입니다. 비유로 말하여 계는 그릇이요, 선정은 물이요, 지혜는 달입니다. 그러므로 계(戒) 그릇이 없으면 선정의 물이 고일 수 없고, 선정의 물이 없으면 지혜의 달도 비칠 수 없습니다. 또한 계는 받는 일보다도 지키는 데 뜻이 있고, 계를 지키는 것은 오로지 생사의 고통에서 벗어나기 위해서인 것입니다. 계를 지키는 것은 이 세상의 모든 윤리의 근본이 되기도 합니다.

이번 수계대중은 불퇴전의 대신심을 발해서 저마다 대승보살의 행을 닦아 안으로는 계정혜 삼학의 종지를 심고, 밖으로는 전 세계 인류 중생을 위해 보리심을 발하여 자타가 골고루 무루복을 받도록 헌신 노력할 것을 다 함께 발원하며, 필경에는 모두 보리도과를 이루시기 바랍니다.

佛紀 2513(1969)年 7月 1日
大韓佛敎 曹溪宗 宗正 古庵

國際菩薩戒 法語

불설 12부경과 일체 법문도
불계(佛戒)가 무너지면 팔만위의도 무너집니다.
설사 12부 경전을 모르더라도 불계를 지키면
팔만위의가 천하인의 찬사를 받게 될 것입니다.

오늘 국제 불교 보살계 대법회는 국가와 인종을 초월하고 시방 세계 모든 나라와 풍습을 초월한 부처님 계율을 스승으로 하여, 불세계(佛世界)를 재현하는 대작불사로서 크게는 세계평화에 기여하고, 말세 중생의 제일 복전이라 할 것입니다. 부처님의 계율법은 일월같이 밝으며 영락보주와 같이 빛납니다. 그래서 한량없는 사람들이 불계의 광명을 받음으로써 성불하게 됩니다.

과거 현재 제불께서도 이 계법을 받으시어 제취(諸聚)에서 해탈하사, 청정한 자성공덕을 성취하고 무상정각을 이루게 되셨습니다. 계는 부처님께서 열반에 드실 적에 제자들에게 계를 스승으로 삼으라 하시었으니, 바로 계를 지키는 것이야말로 부처님을 바로 모시는 것이 될 것입니다.

수계(受戒)는 보살도를 행하는 근본이며, 여러 불자 대중의 근본이 됩니다. 그러므로 불자들은 마땅히 계를 받아 지녀야 하며 마땅히 송(頌)하여야 하며 잘 배워야 합니다. 계는 법사의 말을 알아들을 수 있는 사람이라면 남녀노소를 가리지 않고 모두가 마땅히 받는 것이라고 하시었으며, 왕이나 백관이나 신남신녀, 남녀노소 누구라도 말을 알아들을 수 있다면 다 받아야 한다고 하셨습니다.

경(經)에 이르시기를, '중생이 불계를 받으면 곧 불지위에 들어가 대각을 함께 함이라. 그래야만 진실한 불자라' 하셨습니다.

대중들이여! 어찌 이 계를 공경히 받지 않겠으며 배우고 행하지 아니하겠습니까. 보살대계는 실로 일체 중생을 성취시키고 모든 나라 국토를 불국토로 바꾸는 영겁불멸 대광명의 빛이 됩니다.

끝으로 중화민국에서 오신 백성스님, 태국 파라스님, 한국의 관응스님, 존증사 여러분의 법보시에 동참하신 여러분, 수계자 여러분들의 자자손손 미래에 불은이 깃들기를 바라며 이 개회 법어를 전합니다.

보살계의 의의를 말씀드리겠습니다.

보살계는 대승보살의 마음을 내는 불교인들이 받아 지니는 계목을 말합니다.

계(戒)란 계정혜(戒定慧) 삼학(三學)으로 개활할 때, 계율은 삼학중 기본이 되는 것입니다. 계율은 크게 지지계(止持戒)와 작선계(作善戒)로 나눌 수 있는데, 지지계란 지악문(止惡門)이요, 작선계란 수선문(修善門)이라고 합니다.

지악문(止惡門)에 해당하는 소승계는 오계·십계와 비구의 이백오십계 그리고 비구니의 오백계 등 주로 출가 재가자들을 막론하고 모두 준수해야 할 종교적인 덕목인 동시에 생활이며 도덕관인 것입니다.

보살계는 바로 대승계의 기본 계율로서 『범망경』에 의해 십중대계와 사십팔경계가 제시되고 있습니다. 좀 더 계율을 교리적으로 살펴보면 계법, 계체, 계행, 계상 등 사과입니다.

차례로 말씀을 드리겠습니다.

첫째 계법이란 부처님께서 수지하라고 가르치신 경구의 말씀이며

둘째 계체란 계법을 수지하는 자가 계의 본의를 알아 나쁜 것을 막고 악한 것을 그치게 하는 것을 말함이요,

셋째 계행이란 수계 후 신구의(몸·입·뜻) 삼업을 견고히 수지하는 것이요,

넷째 계상이란 지계의 공덕이 이 몸에 드러나서 그 상이 능히 타인의 모범이 되는 것입니다.

계율의 원천은 물론 부처님으로부터 비롯했으며 우리나라에 계율이 들어온 것은 불교의 전래와 동시에 들어왔습니다. 그러나

계율의 사상이 정립되고 계단을 설치한 전설은 신라의 자장율사 때라 할 수 있을 것입니다.

   보살계는 누구나 받을 수 있을 뿐만 아니라, 아무리 여러 번일지라도 받을수록 불법의 수승한 인연과 공덕을 맺는다고 합니다. 정신적으로나 육체적으로나 나태해지기 쉬운 오늘날에 있어서는 더욱 신념과 사명감을 갖고 살아갈 수 있는 절도(節度) 있는 삶의 보람을 얻게 될 것을 꼭 믿습니다.

佛紀 2526(1982)年 3月 5日

釜山 大覺寺

8

부처님오신날 법어

천상천하에 오직 한 분

陞座 拄杖三下 云
(법상 위에 올라 묵연히 앉았다가 주장자를 세 번 치고)

會麼
아시겠습니까?

不是衆生不是相이여
春暖黃鶯啼柳上이로다.
說盡山雲海月情이여
依前不會空惆悵이로다.
이는 중생도 아니고 모양도 아님이여
봄이 따사로우니 노란 꾀꼬리 버드나무 가지 위에서 지저귀누나.
산운(山雲)과 해월(海月)의 정이 다했거늘
예전처럼 알지 못하고 공연히 쓸쓸해하도다.

오늘은 부처님께서 세상에 태어나신 날입니다. 만겁에 인연을 짓고 사바세계 중생들을 제도하시기 위하여 도솔천 내원궁에 계시다가 사바세계에 시절인연을 보시고 출현하신 날입니다. 정반왕궁의 마야부인이 친정으로 가시던 중에 룸비니 무우수나무 아래에 도착했을 때, 산기를 느껴 잠시 쉬고 있던 중에 마야부인이 무우수 나뭇가지를 잡는 중에 태자가 탄생하시었습니다.

태자는 바로 마야부인의 우협으로 태어나셨다고 합니다. 그 날이 바로 4월 초파일입니다. 실달태자께서 탄생하시니 '천상천하 유아독존'이라 하시었습니다. '천상에서나 땅 위에서나 내가 바로 가장 존귀하도다'라고 하시었습니다. 그러므로 태자는 바로 인류를 구제할 마음으로 이 땅에 오신 것을 선언한 것입니다.

석가모니 부처님은 왕중왕이요 성중성입니다. 천상천하에 부처님은 오직 한 분이십니다. 이 세상에 많은 성현들이 계시나 우리 부처님은 뭇별들 가운데 태양이요, 온갖 빛 가운데 빛입니다. 태어나자마자 동서 사방으로 주행칠보하시고 삼계 중생들을 내가 다 건지겠다 하셨으니 이는 인류는 바로 내가 구제한다 하신 말씀으로 잘 알아들어야 합니다.

참말은 '언어도단하고 심행처멸이라.'

겉으로 나타난 현상만 보고 부처님의 탄생을 생각하여서는 안 됩니다. 세존께서 도솔천을 여의지 않으시고 이미 왕궁에 태어나셨으며 중생을 제도해 마쳤음이라. 어머니 태를 벗어나기 전에 이미 열반해 드셨습니다.

대중은 아시겠습니까?

萬物本無形
太虛包萬有
만물은 본래 형상이 없음이요
큰 허공은 일체 만물을 다 포용함이로다.

본래 오고 가는 자취를 쓸어버리고 근본의 뿌리까지 뽑아버려야만 진흙 속에서 연꽃이 피는 도리를 알 것입니다.

萬古碧潭空界月
無雲萬里天一樣
만고에 푸르른 못에서 저 달을 보아라.
만리에 구름 한 점 없으니 하늘이 한 모양이라.

억!

明月滿虛空
淸凉三界樂
밝은 달이 허공에 가득하니
청량하여 삼계가 극락이로다.

佛紀 2508(1964)年 4月 초파일
海印寺 龍塔禪院

불꽃에서 연꽃이 피어나리라

世尊未離兜率에 已降父王宮하시고
未出母胎에 度人已畢하셨다
大象은 本無形하야 至虛包萬有로다
末後已大過하니 面南看北斗로다
王宮兜率과 廣生出胎가 始終一貫이요
初無去來니 掃蹤滅迹除根帶하면
火裏蓮花處處開
意旨如何

세존이 도솔천을 떠나오기 전에 벌써 왕궁에 오셨고
어머니 뱃속에서 나오기 전에 벌써 중생을 제도해 마쳤네.
큰 코끼리는 본래 형상이 없고 지극히 비어 있어서 만물을 둘러싸고 있고
끝과 근본을 능가하니 남쪽으로 얼굴 돌려 북두칠성을 보노라.
왕궁에서나 도솔천에서 중생제도와 태에서 나옴이 시작과 마

침이 한결같아

　애초부터 가고 옴이 없으니 자취를 쓸어 없애고 뿌리를 뽑아 버리면

　불속에서 연꽃이 곳곳에 피어나리.

뜻이 어떠한 것인가?

師曰 拄杖一打 云
(스님께서 주장자 한 번 치시고 말씀하시기를)

　前溪一聲已了答
　春風滿花已漏泄
　白鷺下田天點雪
　黃鶯上樹一枝金
　앞 시냇물 흐르는 소리 이미 대답하였고
　봄바람에 꽃이 만발하니 이미 누설하였네.
　백로가 밭에 내려앉으니 천점의 눈이요
　노란 꾀꼬리 나무 위에 앉으니 황금 꽃이로다.

　4월 초파일 오늘은 석가모니 부처님이 이 세상에 오신 날입니다. 본분상에서 볼 때 오고 감이 있는 것은 아니지만 대비원력으로 중생을 건지려고 응화신을 나투시어 오셨습니다. 사바세계는 석가모니 부처님이 제도한 땅이요 이 땅은 부처님의 국토입니다.

부처님께서 자비광명을 온 세상에 비추시니 곳곳마다 웃음이요, 거리마다 등불이로다. 한 생각 지혜로움이 부처님 마음이요, 한 번 움직임마다 모두 불사입니다.

청홍흑백 가리지 말고, 높고 낮음 장단 가리지 말라.

자비를 베풀면 사람마다 미소 지으니 보살이로다.

소외된 고통받는 이웃과 인류에게 지혜와 평화를 이루는 것이 부처님오신날의 바른 뜻이라 하겠습니다.

남과 북, 동서가 닫힌 문을 활짝 열고 통일이 되려면 자신만이 옳다는 생각을 버리고 무명에서 벗어나 멋지게 한 몸, 한마음이 되어서 극락정토를 이 땅에 이루어 갑시다.

佛紀 2512(1968)年 4月 8日
曹溪寺

부처님 오시니 더욱 향기롭다

拈起拄杖 云
(주장자를 잡으시고 이르시기를)

這箇道理는 覺則佛이요. 迷則衆生이라.
이 도리는 깨친 즉 부처요. 미혹한 즉 중생이라.

打床三下
(주장자로 법상을 세 번 치셨다.)

사람 사람마다 개개인이 본래 구족한 법신의 부처를 갖추었습니다.

그 수명은 한량없어 생사거래가 없으며, 우뚝하고 원만할 뿐만 아니라 우주에 충만하며 본래청정하며, 물듦이 없으며, 밝고 밝아 비추지 못하는 바 없으며, 천지보다 앞서 있고, 옳고 그름이 모두 끊어진 자리입니다. 인류중생은 이것을 미한 까닭에 윤회하고 고통을 받는 것입니다. 부처님께서는 이 중생들을 연민히 생각하시와 해탈의 길로 선도코자 중생 눈앞에 시현의 방편으로 팔상성도와 탄생 열반을 보여 주셨습니다.

오늘은 석가모니 실달태자께서 2598년 전 중천축국 카빌라국 정반왕의 태자인 존귀하신 몸으로 태어나셨습니다. 그러니까 대성 석가모니불께서 탄생하신 가장 기쁘고 가장 뜻이 큰 날입니다. 우리들은 이 날을 맞이함에 있어 다행히도 부처님의 은혜를 입어 불법을 만났으니, 어떠한 마음의 각오와 태도가 있어야 할 것이며, 어떠한 반성과 어떠한 각오가 있어야 할 것인가 하는 것을 생각하여야 하겠습니다.

생로병사의 고통을 벗어나고 사생육도의 윤회를 떠나 불생불멸의 도리를 깨치는 것은 승가의 본분이요, 불자의 수행이기도 합니다. 그것이 오늘을 맞이하는 우리 모두의 결심일 것이며, 또한 불자의 근본이 됩니다.

해마다 오늘을 당하여 그저 부처님의 대자대비만을 찬탄하는 것으로 연등 공양하는 의례적인 행사에 그치는 봉축만으로는 고해의 세계에서 해탈의 불과를 얻을 수 없을 것이며, 윤회를 벗어날 기연을 만나기 어려울 것입니다.

거룩하신 부처님의 대광명 속에서 마음의 등불을 밝혀 내 속에 잠재된 어둠을 몰아내고 타파하여 생사윤회에서 뛰쳐나온다면, 이것이 바로 부처님오신날을 축하함이 될 것입니다. 정진하고 정진하여 전미각오(轉迷覺悟)의 일대각오(一大覺悟)가 있어 대광명, 대지혜를 밝히므로 부처님 오신 기념을 우리 다 같이 봉축하여야 합니다. 이 충만한 광명과 부처님의 은혜 속에서 우리들은 더 많은 중생을 구제하기 위하여 노력하고 노력합시다.

  태양이 밝게 비치니 룸비니 동산에 꽃이 피고
  맑은 바람 이니 꽃이 더욱 향기롭다.
  향기로운 온갖 꽃 만발한데
  어디서 날아왔는지 새들이 남남히 노래한다.

拄杖子 打床三下
(주장자로 세 번 치시고는 법상에서 내려오시다.)

佛紀 2514(1970)年 4月 8日
曹溪寺

天下가 如來의 마음

東西經行上下指
威儀不動靜非搖
霹靂天下如來心
巍巍如來法中王
동서사방 칠보를 걸으시고 상하를 가리키시니
위의는 거룩함이요 또한 고요함이로다.
천지를 울리는 우레 같은 말씀이 여래의 마음이니
높고 높은 부처님이시여! 법왕 중 법왕입니다.

오늘 부처님오신날 온 법계에 거룩한 빛이 가득한 날입니다.
어찌 불조의 은혜를 다 갚으리오. 여러 형제자매와 온 세상의 중생은 실로 부처님 은혜 입지 않음이 없습니다. 우리 다 같이 부처님오신날을 축하합니다. 온 누리에 가득히 평화와 슬기, 자비와 축복을 내리시고 서로서로 손잡고 복된 조국을 이룩하여 나갑시다.

부처님은 속박과 불안, 우비고뇌의 구름이 걷힌 지혜와 자비가 넘치는 태양과도 같은 분이십니다. 대지에 비가 내려 식물의 새싹을 키우듯이 부처님도 온 누리에 자비 광명을 내리시어 빛이 충만합니다.

불자 형제 여러분께 충심으로 기쁨의 말씀을 거듭 드리는 바입니다.

우리는 모두가 거룩하신 부처님의 자비로 구원받은 자입니다. 바람이 불고 흰 구름 떠가더라도 변함이 없습니다. 온 나라 국민들께도 부처님오신날 자비 광명이 가득하시기를 축원드립니다.

우리 주위의 불행한 분들에게 부처님 자비 광명이 항상하시길 기도합니다.

불자 형제 여러분! 눈을 돌이킵시다. 우리도 모두가 부처님처럼 되기를 서원하면서 안으로는 수행을, 밖으로는 전법과 불우 이웃을 도웁시다.

佛紀 2515(1971)年 4月 8日
曹溪寺

世界平和 南北統一 祈願

釋迦降誕前 已具無量福
本來大平和 大衆莫思疑
正午打三更 石人吹玉笛
月頭上烏飛 日下兎往來
頭頭放好光 應對天眞佛
照破有無我 常時逢釋迦
一切衆生家 慈悲恒長溢
萬有大平等 箇箇獨尊貴
九類太平歌 九九八十一
衆生佛無異 主人無異顔
哀愍衆生故 視現娑婆界
常說無生法 證無我無念
超脫八苦界 大千一樂園

석가모니 부처님이 사바세계 오시기 전에 이미 중생은 한량없는 복을 갖추고 있으니 본래부터 대평화로다. 대중들은 의심치 말라.
정오에 삼경 종을 치니 돌사람은 옥피리를 불고
달 머리 위에 까마귀 날고 해 밑에는 토끼가 가고 오는데
두두물물이 좋은 광명 놓고 응하고 대하는 것마다 천진불이로다.
있고 없고를 모조리 비추어 파하면 항상 때에 석가모니 부처를 만남일세.
일체중생 집집마다 자비광명이 항상 길이 넘치고
만유가 대평등하여 개개가 홀로 높고 귀한 존재로다.
구류 중생이 태평가를 부르니 구구는 번성 팔십일이로다.
중생과 부처가 다름이 없고 주인은 다른 얼굴이 없네.
중생을 불쌍히 여기시어 사바세계에 몸을 나투시고,
항상 남이 없는 법을 설하셨네. 무아 무념을 증득하면
여덟 가지 고통을 벗어나 대천세계가 하나의 낙원이로다.

한 마음이 화평하면 여러 마음이 화평하게 되고 여럿의 마음이 화평하면 시방세계가 모두 화평하게 됩니다. 그러므로 화평한 마음은 밖에서 오는 것이 아닙니다. 마음속에서 우러나는 것입니다. 화평의 반대는 어리석고 작아지기 쉬운 것은 넓은 도량을 키우지 못한 때문입니다.

평화를 이루는 것도 지혜롭고 너그러운 그 마음에 달린 것입니다. 그러므로 평화란 전쟁이 없는 세상을 이루고, 남과 북, 동과 서가 함께 만들어가는 것입니다. 평화는 사람의 마음에서 우러나

는 자비의 구현이라고 할 수 있습니다. 부처님의 가르침은 평화가 무엇인가를 보여준 그 한 가지 사실만 가지고도 인류 역사에 불멸의 자취를 남겼습니다.

부처님이 이 세상에 오신 뜻도 다름 아니라, 중생의 마음에서 이 평화의 싹을 틔워 주기 위해 오신 것입니다. 불교의 사회적인 실천 윤리는 자비를 실현하는 것입니다. 중생을 사랑하여 그들에게 기쁨을 주는 것을 자(慈)라 하고, 중생을 가엾이 여겨 괴로움을 없애주는 일을 비(悲)라고 합니다.

그러므로 자비는 곧 평화의 근원입니다. 오늘날 인류는 물질과 기술의 발달로 인해 순박하고 천진한 마음의 근원을 잃어가는 것을 볼 수 있습니다. 지금까지 인간이 인간답게 되려면 인간 스스로가 우선 참회하는 마음이 있어야 합니다. '나'라는 존재가 혼자일 수 없고, 모두가 독립된 개개인이 없이 전체가 될 수 없습니다. 증오 대신 사랑이, 불신 대신 신뢰를 키워서 서로서로 협조할 수만 있다면 이것이 바로 지혜요, 인류 미래의 약속받은 것이나 다름없습니다.

오늘 부처님오신날을 맞아 평화를 선포합니다. 이제 자비를 나 자신부터가 베풀고 길러야겠습니다. 우리가 이 세상에 태어난 것은 전쟁을 위해서가 아니라, 서로서로 의지하고 사랑하기 위해서 만났다는 사실을 알아야 합니다. 이것이 부처님의 가르침입니다. 저마다 나 한 마음이 자비로 충만하여 화평할 때, 온 세상에 평화가 온다는 것을 확인해야 하겠습니다.

　남북으로 분열된 조국은 통일이 되고, 남북으로 흩어진 이산가족은 서로 만나 부처님 자비의 빛을 받게 될 것입니다.

佛紀 2517(1973)年 4月 8日
曹溪宗正 古庵

산은 높고 물은 깊도다

百億化釋迦
吹舞春風場
천백억화신의 몸으로 나투시니
춘풍광장 피리 불며 춤추도다.

　부처님의 자비광명은 온 누리에 충만하여 고통받는 인류중생 삼라만상을 윤택하게 해 주십니다. 부처님이 탄생하시었으니 온 법계의 복이 넘쳐납니다. 부처님께서는 진리를 크게 깨치시고 생사윤회를 해탈하셨으므로 성인 중의 성인이시며, 하늘 가운데 하늘이십니다.
　중생의 고통받는 것을 아시고, 대자비의 원력으로 이 사바세계에 오시었습니다. 바로 오늘은 중생들을 불쌍히 생각하시고, 바르고 밝은 길을 가르쳐 주시기 위하여 원력으로 오신 날입니다.
　여러분! 이 거룩하신 부처님! 자비광명 속에는 우리 중생들의 생로병사와 근심과 걱정과 모든 고통을 부처님이 아시고 중생을 건져 주시기 위하여 오시었다고 하셨습니다. 또한 부처님은 영원한 생명으로 무루의 행복과 밝은 지혜와 평화를 지켜 주시고 가정과 개인의 행복을 얻게 하십니다.

여러분! 부처님 지혜의 가르침대로 살아가며, 밝은 등불을 온 세상 밝히듯이 우리들이 사는 세상을 밝혀야 할 것입니다. 남북의 평화와 인류의 행복은 오직 부처님의 가르침 속에 있습니다. 자리이타심으로 서로 돕고 사랑하며 삶이 고단하여도 참고 견디며 근면히 각자 생업을 올바르게 종사하면서 신심을 키워 가시기 바랍니다. 이것이 부처님 가르침을 그대로 이어받아 실천하는 불자입니다.

여러분! 이 거룩하신 부처님께 등불을 밝혀 경축합시다. 불 밝히는 법은 각자의 마음을 밝히라는 뜻입니다.

국민 여러분! 시민 여러분! 사부대중 여러분! 우리는 다 같이 한마음 한뜻으로 봉축하고 경축합시다. 청정한 마음의 등불도 밝혀 미혹에서 벗어나며 불법대로 실천하는 불자로 거듭 태어납시다.

  산은 높고 푸르며,
  깊은 물은 흐르며,
  꾀꼬리 새소리 어허라.
  온 세상 모두 룸비니 동산이라네.

佛紀 2521(1977)年 4月 초파일
梵魚寺 祖室 古庵

一夢身

似水如雲一夢身이여
不知此外更何親고
箇中不許容他物하니
分付黃梅路上人이로다.
물과 같고 구름 같고 꿈속의 몸이여!
알 수 없어라. 이것 외에 다시 무엇과 친하리오.
이 가운데는 어떤 것도 용납하지 않노니
황매산 길 가는 사람에게 분부함이로다.

사월초파일은 법계 중생의 스승이시고 모든 생명의 자부이신 석가모니 부처님께서 고해에서 헤매는 중생을 건지시려고 이 땅에 내려오신 날입니다. 부처님 오셨다 함은 인류에게 자비광명이 비춘다는 의미입니다. 또한 인류사상 위대한 역사이기도 한 것입니다.

우리 불자는 경건한 마음과 지극한 정성으로 성스럽고 거룩한 이 날을 축복합시다. 사부대중 여러분! 온 국민 그리고 전 인류에게 부처님 자비의 광명이 한껏 깃드시어, 맑고 밝은 복지사회가 이룩되기를 거듭 기원합니다.

佛紀 2523(1979)年 부처님오신날
大韓佛敎曹溪宗 宗正 古庵

이웃을 살피는 마음이
부처님 마음

拈拄杖子三下
(주장자를 드시고 법상을 세 번 치시고는)

會麼
알겠습니까?

법(法)에 아(我)가 없음을 알면 곧 피아가 없음을 앎이요
법(法)에 인(忍)을 얻으면 곧 오고 감이 끊어짐이로다.
너와 내가 사라지면 부처님 오신 뜻을 알 수 있고,
입을 열고 혀를 움직여도 분별이 없을 것입니다.

오늘은 중생의 큰 스승이시고 인류의 어버이신 석가모니부처님께서 이 사바세계의 모든 중생들을 건지시려고 오신 날입니다. 성스럽고 기쁜 날을 맞이하여, 여기 모인 불자와 부산시민들 모두 함께 진실로 경건하게 부처님 오심을 봉축하고, 그 거룩한 뜻

을 받들어 스스로의 마음에 지혜의 등불을 밝혀야겠습니다.

부처님은 우리 중생들을 본래로 구족하고 무한한 능력을 발휘하게 하고, 영원한 생명을 누리게 하려고 시현의 방편으로 오셨습니다.

오늘 우리 천삼백만 불자들이 부처님 오심을 참답게 봉축하는 길은 부처님이 이 땅에 오신 그 참된 뜻을 구현하는 데 있습니다. 그러기 위하여 우리는 모두 화합과 부처님의 가르침대로 정진하여 참된 자아, 참 나의 본래면목을 되찾아 진정한 진리와 대자유를 얻는 것이 부처님께 보답하는 것입니다.

모든 불자들이 봉사하고, 불우한 이웃을 살피고, 돕고 하는 것이 부처님의 가르침이기도 합니다. 자비와 평화의 불국토를 이 땅에 이룩해야 되겠습니다. 마지막으로 모든 불자님들께서 힘을 합쳐서 민족의 번영과 불교의 중흥을 성취하는 등불이 되어 주시기 바랍니다.

대자대비하신 부처님의 지혜광명이 온 누리에 가득하고, 아울러 불자 여러분들의 소원이 다 성취되기를 부처님께 빕니다.

  布施有爲福
  修心多行慧
  但離諸五慾
  應到法王宮
  보시행은 유위복이요

마음 닦는 것은 큰 지혜를 얻는다.
오직 오욕을 멀리 여읜다면
마땅히 부처님 왕궁에 이를 것이다.

拄杖三下 下座하시다.
(주장자 세 번 치시고 법상에서 내려오시다.)

佛紀 2526(1982)年 4月 8日
梵魚寺 祖室 古庵

法身과 妙體는 볼 수 없다

(법상에 올라 주장자를 들어 보이시고는 상을 세 번 치신 후 원상을 그려 보이시고는)

사부대중은 아시겠습니까?

佛身非相이어늘
如何佛誕고
欲明佛誕일진댄
卽見法身하라.
法身妙體는
欲見不見이요
百億化身이라사
始見佛身하리라.
부처 몸은 모양 없음이어늘
어떻게 부처님 탄생이 있을건가

> 만약 부처 탄생을 밝히고자
> 한다면 바로 그대는 법신을 보라.
> 법신과 묘체는
> 설사 보고자 하여도 보지 못함이요
> 백억화신의 나툼이라사
> 비로소 부처의 몸을 볼 것이다.

오늘은 인류의 성인이시고 어버이신 석가모니 부처님께서 오신 날입니다. 부처님은 사바세계의 중생들을 건지시려고 오시었다고 하셨습니다. 오늘은 성스럽고 기쁜 날입니다. 여기 모인 모든 불자님들과 온 국민이 진실로 경건하게 부처님 오심을 봉축하고 그 거룩한 뜻을 받들어 스스로의 마음에 지혜의 등불을 밝혀야 하겠습니다.

오늘 우리 천삼백만 불자들이 부처님 오심을 참답게 봉축하는 길은 부처님이 이 땅에 오신 그 참된 뜻을 구현하는 데 있습니다. 그러기 위하여 모두 화합과 부처님의 가르침대로 정진하며 불우한 이웃을 살피고 어두운 곳을 찾아 나서서 구해 주어야 부처님 참 진리가 구현됩니다.

그리고 참된 진아의 본래면목을 찾아 이 한 몸을 던져야 할 것입니다. 승가는 진리를 위하여 죽을 각오로 공부하는 것이 부처님의 제자된 것을 완성하는 것이며, 재가 불자는 삼보를 외호하고 민주와 자유, 자비와 평화를 지켜서 불국토를 이 땅에 이룩해야 되겠습니다.

산하대지에 꽃이 만발하지 않아도 봄이 왔음을 알고
설사 사람들의 발걸음을 보고도 세상 돌아감을 알겠노라.

佛紀 2526(1982)年 4月 8日
大韓佛敎曹溪宗 宗正 古庵

태평양에 부처님 나투시었습니다

오늘은 온 세계의 큰 스승이시며 모든 중생들의 어버이시고 자비하신 석가모니 부처님께서 오신 날입니다.

석가모니불은 인도 카빌라국 정반왕의 태자 모습을 빌려 사바세계에 탄생하시었습니다. 사바세계란 살만한 세상이란 말이며 고통받는 세상이란 뜻이 있습니다. 그러나 이 땅은 부처님이 오시었으니 부처님의 땅이기도 합니다. 오늘은 부처님께서 끝없는 고해에서 괴로움과 고통에 허덕이는 우리 중생들을 구제하시려고 오신 성스러운 날입니다.

태평양 한가운데 떠 있는 하와이 이곳도 부처님의 자비가 꽃으로 피어났습니다. 이 기쁜 날을 맞이하여 우리 모든 불자와 전 인류는 진실로 경건하게 부처님의 탄신을 축하합시다.

부처님은 거룩하신 지혜의 광명, 진리의 등불이십니다. 우리 모두는 스스로의 마음에도 부처님의 그 비길 바 없이 밝은 진리의 등불을 밝혀 온 천지가 어둠이 없는 광명의 세상이 되도록 하여야 되겠습니다.

體虛不見一絲毫어늘
對緣垂示萬般形이니라.
본체는 텅 비어서 실 한 터럭 끝도 볼 수 없지만
연연을 만나면 만 가지 형상(形相)을 드러내도다.

부처님은 일체 중생을 위하여 이와 같이 진리의 몸이 텅 비어 있으나 언제든지 중생을 위하여 연을 만나면 그 앞에 나투어 자비와 사랑을 주십니다.

중생들은 본래로 구족한 밝은 자성, 무한한 능력을 발휘하게 하여 영원한 생명을 누리게 하려고 시현의 방편으로 이 사바세계에 오셨습니다.

오늘 우리 불자들이 부처님 오심을 봉축하는 길은 부처님께서 이 땅에 오신 그 뜻을 구현하는 데 있습니다. 참된 자아, 참된 나의 본래면목을 되찾아 진정한 진리와 자유와 자비와 평화의 불국토를 이 땅에 이룩하여야겠습니다. 천상천하에 오직 홀로 거룩하신 부처님을 찬탄합시다. 온 누리에 충만한 대자대비하신 부처님의 지혜광명에 감사드립니다.

그리고 대작불사를 이룩한 미국 하와이 대원사 수도도량 대웅전의 거룩하신 부처님 앞에서 부처님오신날 봉축행사를 봉행하게 된 것만으로도 참으로 경사스러운 일입니다.

끝으로 사부대중 여러분! 교포 여러분! 그리고 시민 여러분에게 부처님의 자비와 은혜가 항상하시고 모든 소원 성취하시기를 부처님께 기원합니다.

佛紀 2527(1983)年 4月 8日
하와이 大圓寺

제주도에서 통일기원대법회

불기 2528년 부처님오신날을 앞두고 통일기원법회를 열어 제주도민 여러분들과 함께 기쁨을 나눌 수 있게 된 것을 뜻깊게 생각합니다.

부처님은 인류의 행복을 위하여 오시고 인류의 고통을 풀어주시고자 오시었습니다. 이곳 제주도 불자들이 함께 자리하여 불법을 널리 홍포하고 부처님의 가피력으로 남북평화통일을 염원하시는 것은 참으로 부처님의 도화(度化)가 아닐 수 없습니다. 뿐만 아니라 이곳 여러 기관장들도 자리를 함께 하시었으니 여러분들의 염원이 온 나라 만방에 전해질 것입니다.

여래의 자비화가 활짝 피니 도화하지 못함이 없고
보살의 미소가 천하에 드리우니 통하지 않음이 없을 것입니다.

南北東西山門香하니

禽鳥異獸皆闊步 함이다.

동서남북 절절마다 향기가 가득하니

나는 새와 기는 짐승 모두 활보함이로다.

佛紀 2528(1984)年 陰, 4月 8日

濟州 佛敎聯合 부처님오신날 奉祝委員會 證明 古庵

* 제주도 불자들이 통일기원 법회를 연다고 연합회장이 간청하여 제주도 불자들의 염원으로 노구를 이끄시고 제주도를 찾으시었다.

만년을 뻗쳐 있어도
늘 지금이라

歷千劫而不古
亘萬世而長今
천겁을 지나도 옛이 아니요
만년을 뻗쳐 늘 지금이라.

  오늘은 온 세계의 큰 스승이시며 모든 중생들의 자상한 어버이이신 부처님이 탄생하신 날입니다. 본래 부처님은 오고 감이 없는 청정법신이십니다. 천지가 나뉘기 전에 계시었고 만물이 있기 이전에 만물의 근본입니다.

  이전부터 영겁토록 상주하는 일체 만물의 본체인 것입니다. 시간이 있기 전에 있으시었고, 공간이 있기 이전에 존재하신 분이 부처님입니다.

  그러나 누구든지 보려고 하여도 볼 수 없고 생각하려고 하여도 생각이 미치지 못하는 곳에 있습니다. 그러하긴 그러하여도 어디에나 있습니다. 일체 중생의 마음마다 있고, 천지 만물 가운데 있습니다. 오늘 부처님을 뵙는 것은 여러분들의 오직 마음속에서만 가능합니다. 다른 곳에서 찾는다면 영원히 찾지 못하고 뵙지 못합니다.

만약 누구든지 이 한 물건을 알면 성인 중의 성인이요, 하늘 가운데 하늘이지만 그러지 못하면 중생이라고 합니다. 우리들이 사는 곳에는 업식이 무성한 중생이 사는 곳이지만 부처님의 자비 광명이 비춤으로 한마음 잘 쓰면, 여러분들 모두가 성인과 현자가 될 것입니다.

| 불자를 들어 보이시고 |

부처님오신날 처처에 공양하고 하는 일마다 불사가 되도록 하십시다. 처처에 공양이라 함은 나라를 지키는 군인과 공장에서 일하는 근로자와 농촌과 어촌에서 일하는 모든 분들 곳곳에서 이웃을 위하여 일하는 분들 모두가 성인의 모습입니다. 내 일은 물론이고 남을 위하는 마음이 성인입니다. 성인이 따로 없습니다. 현자라 함은, 덕을 쌓고 지혜롭게 일을 잘 처리하는 사람이 현자입니다. 일마다 불사가 되게 하라는 것은 내가 하는 일 모두가 부처님을 위한 일이 아닐 수 없습니다. 우리 사는 세상이 그러합니다. 여러분들이 하는 일 모두가 그러므로 불사 아님이 없습니다.

룸비니 동산에 꽃이 피고
보리수 아래에서 새가 노래합니다.

佛紀 2531(1987)年 4月 8日
부처님오신날 古庵

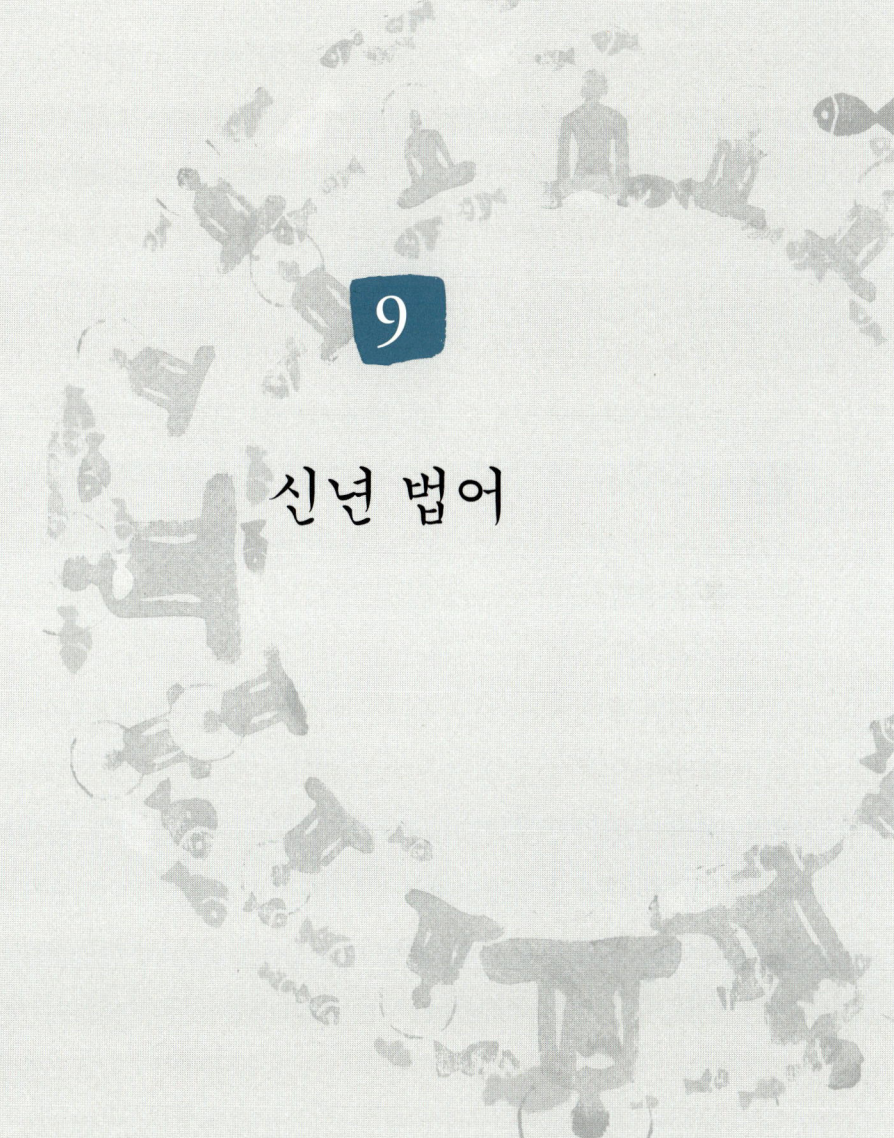

9

신년 법어

家家新新太平歌

雪山穿過日月
空天大地皆黑
日月吞雪山空
明朗十方世界
설산이 해와 달을 뚫고 지나가니
허공과 대지가 캄캄하네.
일월이 설산과 허공을 삼키니
시방세계가 밝음이로다.

明暗이 何處來며
何物인고
水長船高白鷗飛
一毛頭上百億刹이로다.
밝음과 어둠 어느 곳에서 왔으며
어떤 물건인고?

물은 평평하고 배는 높으며 백구는 높이 날으니
한 터럭 머리 위에서 백억 세계가 이루어졌도다.

時會大衆은 還知麼 若不知인댄 山僧 註脚하리라. 諦廳하라.
여기에 모인 대중은 도리어 아시겠습니까? 만약 알지 못했을
진대, 산승이 다시 상세히 말씀을 드릴테니 잘 들어 보십시오.

新年舊年如電泡
凡聖一切夢中事
白狗一聲開新年
家家新新歌太平

새해와 묵은해가 번개와 거품 같고
범부와 성인 일체가 꿈 가운데 일이로다.
흰 개가 한 번 크게 한 소리 짖으니 새해가 열리고
집집마다 새롭고 새로워 태평 노래를 부르네.

사부대중이여!
게을리 지내지 말라. 언제까지고 남이 만들어 놓은 달력이나 넘기면서 새해라고 이름 지어 맞이할 것인가.
개는 도적을 물리치고 주인 노릇하고 산다네.
우리 중생도 자신의 근경(根境)의 도적을 물리치고 당당한 주인의 자성심을 깨달아 대자유인으로 왕래자재하면서 고통받는 중생을 제도할지어다.
무상이 신속하니 애써 정진하시기 바랍니다.

佛紀 2512(1969)年 1月 1日
宗正 古庵

通萬法 歸一心

　묵은해를 보내고 새해를 맞이함이 어찌 보내고 맞이함이 있으리오마는 어리석은 중생이 스스로 짓고 스스로 받는지라.
　그러므로 부처님께서는 만법을 거느려서 오직 일심으로 돌아가는 법문을 설하셨다.
　이 우주의 삼라만상은 업보중생의 마음에서 연기되었다. 우리들이 가지고 있는 이 일심이야말로 법계의 근본 진리인 것이다.
　이 마음은 본래 모양과 형상이 없어서 마치 허공과도 같다. 고금을 통하여 밝기는 태양보다 더 하나니 이것이 사람들의 몸 가운데 있어서는 보기도 하고, 듣기도 하고, 말도 하고, 옷도 입고, 다니기도 하고 온갖 일도 하는 것이다.

　이 한 물건은 본래 맑은 물과도 같이 깨끗한 대광명 가운데에 자리를 하고 있건만 이 가운데에서 선이니 악이니 하는 것이 인연되었나니 선을 행하면 천도가 열리고 악을 행하면 지옥이 열립니다. 이렇게 삼계육도가 생기어 선도와 악도가 열리니 한마음

돌리면 바로 천당불찰이며, 한 생각 잘못 돌리면 악도가 눈앞이 됩니다.

신·구·의에서 온갖 공덕이 나는 것은 오직 이 일심이기 때문입니다. 새해에는 서로서로 화합하고 부처님이 웃으시는 화락세계가 되도록 열어 갑시다. 우리 모든 불자들이 금년에는 꼭 이뤄야 하는 것이 청정한 마음을 이루는 것입니다. 부처님께서 성도를 이루신 후 모든 중생들을 위하사 49년간 고구정녕 팔만사천법문을 설하신 것이니 우리 모두 중생을 위하신 것입니다.

새해부터는 통만법(通萬法)하고 귀일심(歸一心)합시다. 온 국민이 청정한 불심(佛心)으로 회향하고 세간·출세간의 모든 일에 보다 밝고 알차게 정진해 가시기 바랍니다.

佛紀 2516(1972)年 1月 1日
대한불교조계종 종정 古庵

常寂光土

然燈佛說是何說이며
釋迦所聞是何聞가
法卽開示寂常照라
但悟自性本淸淨이라.
연등 부처님께서 하신 설법은 어떤 설법이며
석가모니 부처님이 들은 법문은 어떤 들음인가
진리의 세계를 열어 보이시니 상적광토를 비춤이라
다만 자성을 깨달으면 본래 이것이 청정이라.

乾坤不覆載요
劫火不能壞라
日日威光輝가
總如混太虛하니라.
이 도리는 하늘과 땅도 덮거나 싣지 못함이요.
겁화(劫火)가 능히 무너뜨리지 못함이도다.
매일매일 위풍당당한 빛이

태허에 가득하도다.

정반왕궁의 실달태자를 위하여 보리수 아래 금강보좌(金剛寶座)가 미리 마련되어 태자를 기다리고 있었던 것인가.

실달태자의 고행난행이 금강보좌를 빛나게 했음입니다.

나는 이 자리에 앉은 채 이 몸뚱이가 무너져 없어진다 할지라도 깨닫기 전에는 절대 물러가지 않겠노라.

이와 같은 결정신(決定信)과 불퇴전의 의지(意志), 이것이 바로 금강보좌가 아니겠는가. 결정신과 불퇴전의 의지가 바로 금강보좌입니다.

금강보좌가 굳이 인도의 마가다국 붓다가야 보리수 아래에만 있으란 법은 없지 않은가.

바로 여러분의 안거중(安居中)에 있고 일심자성(一心自性) 가운데 있습니다.

저마다 서 있거나 앉아 있는 그 자리에서 결정신을 세우고 의지로써 인욕 정진한다면, 바로 그곳이 금강처럼 굳건한 보좌가 아니겠는가.

고불고조(古佛古祖)께서 가르침이 바로 이것입니다.

비구·비구니·청신사·청신녀들이여, 게을리 지내지 말라.

언제까지고 남이 만들어 놓은 달력이나 넘기면서 새해라고 이름 지어 맞이할 것인가.

애써 정진하시기 바랍니다.

佛紀 2514(1971)年 1月 1日
宗正 古庵

거울 앞에서 스스로 본다

無紋印字여 能傳之敎라
古佛古祖여 圓覺妙心이니
妄心卽悟하면 寂滅一體라
要知佛心하면 鏡前自見 할지니라.
무늬 없는 비단에 나타난 경전을 능히 가르칠 수만 있다면
옛 부처님과 옛 조사님의 원각의 현묘한 마음이니
허망한 마음 깨달으면 곧 적멸의 한 몸이니
부처님 마음 알기를 요한다면 거울 속의 자신을 볼지니라.

제불제조께서 말씀하시기를, '중생들의 온갖 번뇌와 망상이 모두 묘심(妙心) 가운데 있다.'고 하셨습니다. 번뇌와 망상이 모두 한 마음 가운데 있으니 곧 깨달으면 부처요, 번뇌 망상 가운데에 있으면 중생이라고 합니다. 석가세존께서 이 세상에 오신 것은 모두 방편으로 오셨으니 모두 중생 구제의 원력입니다. 마치 잠자는 사람이 꿈속에서 깨면 꿈인 줄 아는 것이 깨달은 것이니, 거기

에는 앞뒤와 차제와 오고 감도 없고, 오직 거기에는 원각 묘심(妙心)만 있음이요. 장엄정토의 세계가 펼쳐집니다. 세간 출세간 따로 없고 번뇌와 청정자성이 따로 없습니다. 이 법은 뭐와 같은가 하면 자성 성품은 커서 하늘도 덮지 못하고 땅도 싣지 못합니다.

텅텅 비어 다함이 없고 무량하여 측량이 안 됩니다. 신령스러워 볼 수 없고 헤아려 보려고 해도 미치지 못합니다.

또 한 해를 맞이하면서 부처님의 자비광명 속에 일체 중생이 모두 함께 부처 되기를 서원해 봅시다.

오늘 아침 어린이는 한 살이 보태지고
늙은이는 한 살이 줄어드니 이 이치를 알겠는가.

(주장자 들어 보이시고는)

쿵!

야보(冶父)선사 말씀에

圓覺山中生一樹요
開花天地未分前이라.
非靑非白亦非黑이요
不在春風不在天이라.
원각 산중에 한 그루의 나무 있으니

천지로 나뉘기 전에 꽃을 피웠네.

푸르지도 희지도 검지도 않아

봄바람에 있지 않고 저 하늘에도 있지 않다네.

올해는 '소' 해입니다.

보조국사가 소를 치셨는데 자심(自心) 속에 소가 있는가, 없는가?

금년에 여러분들 마음속의 소를 찾아보시기 바랍니다.

佛紀 2517(1973)年 1月 1日에
종도들에게 보낸 법어

去年去 今年來

　　昨日去年去 今日今年來
　　去年去不去 今年來不來
　　徧野盈尺雪 大地亡纖埃
　　無名無字人 擧目聯徘徊

　어제 날은 지나간 해가 간 것이고, 금일은 금년이 온 것이니
　지나간 해는 갔지만 간 것이 아니요, 금년이 왔지만 온 것이 아니네.
　산천과 들에 흰 눈이 두루 가득하니 대지에 티끌 하나 없음이라.
　이름도 없고 글자도 없는데 사람들이 눈을 들어 부질없이 돌고 도는구나.

　　今日大衆이여!
　　底箇를 踏著契合하면
　　枯木裏龍吟 髑髏裏眼睛

日日是好日 大安樂淨土
금일 대중이여!
이 도리를 밟아 계합하면
고목나무 속에 용이 울 것이고 해골 속에 눈이 맑을 것이다.
나날이 좋은 날이니 크게 편안한 극락정토로다.

금년은 소의 해이니 소는 일생동안 남을 위해 일을 해 주고, 무슨 대가와 조건 없이 마지막에 몸까지 보시를 하고 갑니다. 그래서 불교에서는 소를 대성보살님으로 비유를 하였습니다.
금일 대중이여!
금년은 누구나 대성진리를 깨달아 증득하여 소처럼 무주상, 조건과 대가도 없이 서로서로 봉사하여 베푸는 자비보살이 됩시다. 그리하여 남북통일과 세계평화를 이룩합시다.
집집마다 문 앞은 장안을 통해 있으니 그대로 정진하여 실천하면 세계가 복덕 지혜로 구족해서 대안심의 정토가 이 땅에 정착되리라 믿습니다.

白牛大吼開新年
石人步行黃金界로다.
흰 소가 크게 울고 새해를 여니
돌사람이 황금세계를 걸어감이로다.

佛紀 2517(1973)年 1月 1日

色香味不染

普觀一念無量劫
無去無來亦無住
迷妄業識三世分
反古對面接黃老

넓게 보면 일념이 무량겁이라.
감도 없고 옴도 없으며 또한 머무름도 없음이니
미망 업식으로 삼세가 분명하나
옛을 돌이켜 대면하면 접하는 것마다 부처로다.

또 한 말씀 드리면

諸法이 卽色이요
亦如聲香味觸法이니 六塵中에라도
確能分別컨대 本體端然하야
不染不着이니 曾無無異호대

如空不動하야 圓通明徹하리라

迷妄이 歷劫常存이라도 本性은 常徹하니

是名을 諸法卽如來니라.

일체 만법이 곧 색이요

또한 성·향·미·촉·법도 그러함이니 육진 가운데 있더라도

확연히 분별하면 본분의 몸체는 단연하여서

물들지 않고 어디에도 집착함이 없으니라. 일찍이 다름이 없지 않으나

마치 허공처럼 움직임이 없이 하여 통연히 깨달아 뚫으리라.

미망이 오랜 겁 동안 늘 그렇게 있음이라도 본성은 항상 고금을 통해 있으니

이 이름이 모든 법이요 곧 여래이니라.

자! 그러면 우리 종단은 어떤 길을 가야 하는가.

금년에 있어 우리 종단의 목표는 생활 불교에 두었습니다. 불교는 결코 안일하고 나태하면 안 됩니다. 불교는 가르침대로 정진하고 용맹심으로 수행하는 것이 생명입니다. 부처님 가르침대로 사는 것이 규칙이 되어야 하는 것입니다. 전 인류의 생활이 부처님 가르침대로 살면 곧 이것이 불교입니다.

근실한 마음으로 가정이 건강해야 합니다. 육화(六和)의 근본정신으로 사회가 구성되어야 할 것입니다. 밥을 지으면서도 정진이 끊어지지 않고, 시장에 있으면서도 염불이 계속되어야 할 것입니

다. 염불이란 부처님처럼 하려고 하는 마음 그것입니다.

　소외된 사람들 삶의 장벽이 무너지고 대중 속에 함께 하면 모두가 통하는 것입니다. 세속을 떠나 불교가 따로 존립할 수 없고, 시대의 분주한 일상을 떠나 부처님 가르침을 따로 구할 수 없을 것입니다.

　그리고 승단법도들도 공부하는 승단, 정진하는 승단, 화합하는 승단으로 한마음 돌려야 할 것입니다. 우리 종단 안에 있는 불신을 없애고 국민과 사부대중의 사표(師表)가 되어야 하며 민족의 선구자가 되어야 할 승단입니다.

　사부대중은 금년에는 생활 불교의 기치를 굳게 세우고 승단은 완전히 정화되기를 충심으로 기원하면서 사부대중의 무궁한 발전이 있기를 바랍니다.

　　　　　　　　　　　　　　　　　佛紀 2518(1975)年 1月 1日

---

* 종단 내외는 참으로 시끄러울 때입니다. 정화의 기치를 세우고 종단 바로 세우기 위한 원로들과 종단 중진들은 많은 노력을 하고 있었다는 것을 헤아릴 수 있습니다.

今朝作日

馬下人因馬上君
有高有下有疏親
一朝馬死人歸去
親者如同陌路人
말 모는 사람이 말 위의 임금으로 인하여
높음도 있고 낮음도 있고 멀고 가까움도 있더니
하루 아침에 말이 죽고 임금도 돌아가시니
친한 사람이 한 가지로 저잣거리 사람과 같도다.

昨日喚今朝作新歲
今朝喚昨日作舊年
어제 날이 오늘 아침을 불러 신년 새해를 짓고
오늘 아침이 어제 날을 불러 지난 해라 하네.

且如何是物不遷義

또한 어떠한 물건이 옮겨 변하지 않는 도리입니까?

擊拂子
(불자를 들어 한 번 치고 이르시길)

嶺上寒梅纔破雪
城邊楊柳已含煙
고갯마루 언덕에 추운 매화는 찬 눈을 깨고 나오며
큰 성 옆의 버드나무는 봄기운을 머금었도다.

불자 사부대중 그리고 국민 여러분!
정사년 새해를 맞아 부처님의 가피가 이 나라, 이 민족이 항상 하시기를 기원합니다. 나라는 아직 가난과 어려운 사람들로 가득합니다. 나라를 튼튼하게 하는 것은 각기 자비를 실천하고 이웃을 돕는 일입니다.

첫째는 충심으로 나라를 호국합시다.
둘째는 효성으로 부모를 섬깁시다.
셋째는 친절로 벗을 믿읍시다.

우리 모두가 국가 안녕을 이룩하면서 탐심·진심·치심을 버리고 근로하여 나라의 은혜에 보답합시다.

牧童騎白牛

還鄕吹笛笙

兩頭皆透脫

同遊菩提場

목동이 흰 소를 타고
고향에 돌아와 끝없는 피리를 부네.
양변을 다 벗어나
한 가지로 보리도량에서 놀아봅시다.

佛紀 2520(1977)年 1月 1日

부처님 국토가 이룩되길

상단하시어 주장자를 한 번 들어 보이시고
법상을 세 번 치시다.

靈山敷座衆爲說
事事一一如法界
和盤托出親分付
無不謂之大佛事
석가세존께서 영산회상에서 자리를 펴시고 설법하시니
모든 일이 낱낱이 저 법계로다.
부처님께서 모두 내보이시어 친히 분부하시니
일러 대불사가 아님이 없다.

火不火燒요
水不水溺이며
天上人間에

今古不識이로다.
불로 불을 태우지 못함이요
물로 물을 적시지 못함이라.
천상인간에
고금을 통해도 알 수 없어라.

희망과 용기와 긍지를 새롭게 하는 새해를 맞이하였습니다. 여러분이 이와 같이 화기애애하게 자리를 함께 하고, 오천만 겨레와 새 희망의 전개를 마음껏 축하함은 참으로 축하할 일이 아닐 수 없습니다.

불교가 우리나라에 전래한 지 1,700여 년이 되었습니다. 불교는 나라를 지키고 이 땅에 사는 백성을 돌보는 데 앞장섰습니다. 이렇게 호국정신을 함양하고 국민총화의 바탕을 이룩하였으며 불교의 고유문화를 꽃 피워 민족정기를 선양하여 민족과 역사의 진운을 함께 해 왔습니다.

불교도들은 남북통일의 민족적 과업 성취를 앞에 두고 국운의 기반을 굳게 다져 세계 선진국 수준으로 나가기 위하여 노력하는 현실을 잘 보아 두어야 하겠습니다.

종무에 임하여서는 직무에 성실을 다하고, 수행정진에 임하여서는 각고의 불퇴전 노력을 다할 때입니다. 또한 참된 자아를 찾고 호국불교의 숭고한 진정을 선양하며 뜻과 힘을 함께 하여 본연의 사명을 다하고 미래 불교를 위하여 다함께 노력해야 합니다.

이와 같은 시대적인 명제를 깊이 통감하여 불교 각 종단이 변하며 화합하고 승화시켜 국민에게 희망을 주는 불교를 만들어 가고자 하는 우리들의 노력이 결실 맺을 것을 믿고, 또한 그러기 위하여 여러분들과 자리를 함께 하였습니다.

그러므로 이 신년하례야말로 우리 불교도들의 긍지와 일체감을 공고히 하여 새로운 역사 창조에 크나큰 전기가 될 것으로 믿어 마지 않습니다.

불교는 끊임없는 불교 지도자들의 노력과 사명을 다하는 것으로써 미래가 있습니다. 본인은 노구(老軀)에 부덕(不德)하나 불교총연합회 회장의 막중한 직무를 다하기 위하여 최선을 다하겠습니다. 아무쪼록 각 종단은 끊임없이 자비와 평화 그리고 협동의 실천궁행으로 천삼백만 불자가 총화의 힘을 승화시켜 불교가 지고 있는 민족사적 사명을 다하시기를 거듭 당부드립니다.

끝으로 이 법회의 공덕으로 우순풍조(雨順風調)하고 국운이 융창하여 온 국민과 전 인류가 부처님 자비광명을 고루 받아 이 땅 위에 참된 평화와 행복이 깃들며 필경에 부처님국토가 이룩되기를 삼보전에 기원합니다.

佛紀 2523(1980)年 1月 20日
大韓佛敎總聯合會 新年賀禮 法語

10

대기설법

雪嶽山 新興寺
重修佛事 落成 法語

    竪하면 過現未 三際에 이르고 橫하면 閻浮提를 덮나니 眞實로 巍巍함이요 蕩蕩함이라 佛光明이 塵劫을 超越하고 法身妙體는 乾坤에 充滿하도다.
    세우면 과거 현재 미래 삼세에 이르고 누이면 염부제 온천지를 덮나니, 진실로 높고 높으며 탕탕함이라. 부처님 광명이 진겁을 초월하고, 법신의 묘체는 하늘과 땅에 충만하도다.

    우리나라는 불연(佛緣)이 지중하여 한 줄기 빛이 해동국을 비춘 지 1,700여 년이 지났으며, 신라와 고려조에 고승대덕이 명산에 가람을 창건하여 중생 구제에 앞장섰습니다. 깨달음의 참 가르침을 크게 진작시키고 그윽한 이치와 삶의 참 가치를 구현하고자 노력하였으며, 이러한 염원은 후대에까지 이르도록 민생에 깊게 심어졌습니다.
    더구나 설악산은 금강산과 더불어 한민족의 성지와도 같습니다. 조화무궁의 성지(聖地)인 바 신흥사는 신라 진덕여왕(眞德女王) 6

년 자장율사의 창건으로 향성사(香城寺)라 하였으며, 그 뒤 문무왕(文武王) 때 원효(元曉), 의상(義相) 양 대사(兩大師)가 선정사(禪定寺)를 개축(改築)하여 불법을 천하에 진작하고, 부처님의 가르침과 조사의 가르침을 온 천지에 널리 폈으나 조선(朝鮮) 선조(宣祖)에 이르러 여러 가지 난(亂)과 화재로 한때 없어졌다가 인조(仁祖) 20년 영서(靈瑞), 연옥(蓮玉), 혜원(慧元) 등이 금강굴에서 기도 중 영험을 입고 신령스럽고 흥한다는 뜻으로 신흥사라 이름하여 복원하게 되었습니다.

　400여 년에 가까운 세월 동안 종풍을 진작하고 호법성지로 도량을 가꾸어 오다가 6·25 전란을 당하여 사천왕문(四天王門)과 일주문(一柱門)이 소실되고 당우(堂宇)와 도량이 황폐하여 불자 제위의 탄식이 심하던 차, 성준(聲準) 스님의 주지 부임 이후 돈독한 신

| 신흥사 |

심과 열정으로 요사와 당우를 짓고 개와 번와, 축대공사, 담장 개축공사, 도로 포장공사 등으로 도량이 일신되고 본사(本寺)의 면목이 일신하여 가히 명산대찰의 품격을 갖추었으며, 더구나 일주문과 사천왕문을 웅대 장엄하게 재건하여 오늘의 낙성을 보게 됨은 진실로 찬탄을 금치 못하는 바입니다.

  여기에 있어서는 주지스님은 물론이려니와 사내 여러 소임자, 스님 또 화주, 시주, 청신사, 청신녀 등의 노력과 전법전등의 정신을 더욱 높이 찬양하는 바입니다.

誰知王舍一輪月
萬古光明長不滅
누가 왕사성의 밝은 부처님을 아는가.
만고광명이 길이 빛나도다.

佛紀 2517(1973)年 10月 17日
宗正 古庵

佛國寺 復元佛事回向式 法語

老翁秋雲捲復來
土含西麓開天上
大成宰相相逢笑
今來親佛如說法

늙은이가 가을 구름 거두어 오니
토함산 서쪽에 천상이 열리었구나.
대성재상과 서로 만나 미소 짓고
이제 친히 부처님 오시어 설법하시네.

불국사는 해동불교의 본가입니다. 여기로부터 불교의 문화가 발전을 거듭하였습니다. 불교의 꽃은 신라에서 꽃 피웠고 불교역사는 여기서부터라고 해도 과언이 아닙니다. 불교문화의 절정은 불국사에 있다고도 합니다.

당시 재상이었던 김대성이 법흥왕 22년(서기 535년)에 불국사를 창건하였고, 그 뒤 경덕왕 10년(서기 575년)에 김대성이 전세 부모

| 불국사 |

를 위하여 석굴암을 창건하였다고 합니다.

　불국사 창건 후 오랜 세월이 흐르는 동안 민족의 흥망성쇠로 때로는 흥성하고 때로는 쇠잔하여 오기를 천수백 년을 지내오다가 뇌쇠한 조선은 일본에 합방되고 또 해방이 되었으나 남북전쟁의 참화로 절은 피폐하고 다 쓰러져 가던 것을 박정희 대통령의 문화역사 복원불사의 일환으로 나라에서 힘을 기울이고 종단에서도 온 힘을 들여서 오늘날 이렇게 불국사를 복원하여 옛 모습을 다시 보게 되니 기쁘기 한량없습니다.

나라의 지대한 관심과 범행(梵行) 주지스님의 큰 신심과 원력이 합하여져 원형복구가 된 대작불사에 찬사를 보냅니다. 오늘 복원은 불법 선양과 중흥이요, 민족문화의 결정이라 할 것입니다. 민족사상으로 통일의 근간이 되는 것을 천하대중과 함께 기뻐하는 바입니다.

　끝으로 이 같은 불사를 뒷받침해 주신 박정희 대통령께 깊이 감사하는 바입니다.

　그리고 동참 원호해 주신 불자님들과 국민들께 깊이 감사드리며 항상 부처님의 가피가 있으시길 빕니다.

世尊應和 2517(1973)年 9月 16日
大韓佛敎曹溪宗 宗正 古庵

異次頓 殉敎思想 宣揚

　하늘에는 태양이 있고 인간에는 성자가 있다. 무수한 별 가운데서 태양이 눈부시게 빛나듯 그 많은 사람들 속에서 성자는 거룩하게 뛰어난다. 그중에서도 정법을 세상에 널리 전하기 위해 자기 자신을 희생한 순교자야말로 가장 거룩한 존재일 것이다. 이차돈이 바로 그런 분이시다.
　오늘날 우리들은 이구동성으로 신라문화의 장엄함과 찬란함을 높이 칭송해 마지않는다. 신라문화는 곧 불교문화다. 만약 그 시절 이차돈의 거룩한 순교가 없었던들 신라시대와 그 문화는 있을 수도 없다. 한 사람의 순교가 어떤 결과를 가져오는가를 실증한 본보기인 것이다. 그의 순교는 대승보살정신의 구현이었다. 일심이 청정하면 마침내 온 법계가 청정해질 수 있다는 것을 몸소 보인 것이다. 이 땅에 불교와 같은 지혜롭고 관용한 종교가 전해지지 않았다고 한다면 오늘 우리들은 얼마나 삭막해 있을 것인가.
　순교로써 불연을 맺게 해 준 이차돈 성자 가신 지 어느덧 1,500여 년. 이제는 그토록 찬란했던 신라의 융성도 덧없는 역사 속에 묻혀버렸다. 이러한 망각 속에서 성자의 거룩한 순교정신을 오늘에 와서 되새기고, 먼 미래에까지 전하려는 뜻에서 돌을 쌓아 탑을 세우고, 글을 모아 그 뜻을 기림은 천만다행이고 갸륵한 일이 아닐 수 없다.

이와 같은 불사는 미래세에 혼미해지려는 신앙의 길에 새로운 등불이 될 줄 믿는다. 법을 위해 몸을 잊은 순교정신이 오늘 우리들의 것으로 계승될 때, 이차돈 성자의 순교는 새롭게 피어날 것이고 영원히 그분을 기리는 일이 될 것이다.

佛紀 2518(1974)年 4月 욕불일(부처님오신날)
曹溪宗正 古庵

東明佛院 奉佛點眼式

拈拄丈子三下
(○(圓)을 그려 보이시고 다시 삼점(∴)을 그려 보이시다.)

이 도리는 천겁을 지나도 옛이 아니요
만세에 뻗쳐있으나 항상 지금이다.

兜率下降東明殿
釋迦眞身顯三千
一一人人心中佛
箇箇活活樹教傳
도솔천에서 동명불전에 내려오신 분
석가모니 부처님 진신이 삼천대천세계에 나투셨네.
하나하나 사람 사람마다 마음 가운데 부처가 있으니
모두가 활활히 불법 전해야 하네.

界塵異一何
報應亦如然
誰先復誰後
事中通一合

법계와 미진이 다르다 하나 무엇이 다르리요.
보신과 응신도 또한 그러함이네.
무엇이 앞이고 다시 무엇이 뒤이랴.
일 가운데는 일체가 하나로 통하지 않음이 없다.

삼계(三界)는 오직 마음 가운데 있음이요
만법(萬法)은 유식(唯識)이라.

동녘에 밝게 떠오르는 태양처럼 부처님의 자비광명은 온 세계에 가득하시어 천하가 태평함이로다.

오늘 이곳 동명불원은 신심이 돈독하신 강석진 회장님의 원력으로 불법도량을 이루었으니 모두가 부처님의 은총이요, 보살님의 자비입니다. 이 공덕이 만대를 이루고 부처님 도화(度化)가 겁외(劫外)에 뻗칠 것입니다.

우리나라에서 삼존불을 이렇게 크고 거룩하게 모신 것은 처음일 것입니다.

어찌 작은 신심으로 이룩할 수 있겠습니까. 나라를 잃고 가난하고 어려운 시절에 부지런함과 지혜로 바닷가 작은 마을을 이렇게 변화시키고 신심의 고장 부산에 또 하나의 불전을 이루었습니다.

강회장님은 대불전 안의 삼존불은 중앙에 석가모니불, 좌측으로 미륵불, 우측으로는 재화갈라불을 모시고, 나한전, 관음전, 사천왕문, 삼성각, 칠성각, 산신각, 일주문 종각과 범종, 요사 두 채 등 대도량을 이룩하셨습니다.

모두가 세계 평화와 국태민안의 호국원력입니다.

一塵纔起 翳虛空
三千碎抹 數無窮
老衲不能 得收拾
臨佛微笑 雨順風

한 티끌 막 일어나니 허공을 가리우고
삼천대천세계 가루로 부수니 셀 수 없네.
노승은 거두고 수습하지 못함이나
부처님 오시어 미소 지으시니 우순풍조하리라.

(주장자로 법상을 세 번 치시고는 내려오시다.)

佛紀 2521(1977)年 4月 8日
동명불원 법당 봉불식 법어

軍法師 創團記念法會 法語

축하합니다.

오늘 우리 승단 역사 이래 승군법사가 처음 있는 일인가 합니다.

군장병들에게 부처님 법을 전할 좋은 기회가 아닌가 합니다. 그러니 여러분들이 힘을 합하여 열심히 그리고 부지런히 정진하여 주시기 바랍니다.

부처님 법신은 우주에 충만하여 인연 따라 어느 곳에나 나투시니 바로 여러분이 화현신이 되어 헌신하여 주시기 바랍니다.

불법이 우리나라에 전래하여 호국불교로 승화하고 신라의 통일에 바탕을 이룩하였으며 여러 번의 외침 퇴치에 국민총화의 동력이 되었습니다.

여러분들이 바로 화랑이 되십시오. 그리고 그 정신으로 불법을 지키고 나라를 지키십시오. 찬란한 신라 문화를 꽃 피웠듯이 이 나라 호국의 역사를 다시 열어 가시기 바랍니다. 이제 우리는 자비 화합, 자주 평등의 불타정신을 바탕으로 하여 융성했던 신라와 고려의 얼을 오늘에 창조적으로 이어받고 국민총화를 이룩하여 총력안보를 철통같이 굳게 하여 분단국토의 평화통일을 성취해야겠습니다. 그리하기 위하여 전국 군장병들이 정신적 주인이 되시기를 바라 마지않습니다.

전군을 불자화하고 튼튼한 군인정신의 배양을 담당하고 있는 일선 군법사단이 창단된 지 어언 10주년의 역사가 성장되어 여기 기념을 베풀게 되었습니다.

군법사 여러분! 생과 사를 초월하여 애착도 두려움도 없이 오직 대의와 명분을 위하여 나아가고 물러감을 자유자재하게 해야 합니다. 오늘의 조국은 둘이 아닙니다. 오직 하나뿐인 이 땅을 이제 스님들도 지켜가야 한다고 생각합니다. 지금 우리나라는 세계 수준으로 약진하고 있습니다. 그러나 분단 국토의 평화통일이란 민족적인 과업을 앞에 두고 가진 시련을 겪어야 하겠습니다. 이때에 국가의 간성이요, 여러분은 충의를 위하여 모든 것을 바쳐야 하겠습니다. 이와 같은 국군장병의 정신적인 지도에 헌신하는 군법사 여러분은 더욱 그 맡은 바 임무에 충실하여지고 있는 사명을 다 하시기를 당부드립니다.

군법사단의 육성에 직접적인 뒷받침을 위하여 모든 정성을 다해 주신 장성 여러분, 그리고 물심양면으로 협조를 아끼지 않으신 국회 정각회를 비롯한 여러 불자들에게 심심한 감사를 드립니다.

앞으로 더욱 견고한 신심으로 빛나는 업적을 거두게끔 지도하여 주시기 바랍니다.

佛紀 2522(1978)年 12月 4日

曹溪宗正 古庵

---

* 이 법문은 군법사 창단 10주년 법회에 종정의 이름으로 법어를 보낸 것이다.

羅城 觀音寺 7週年記念 法語

上堂 拈拄杖子三下
(상당하시어 주장자를 잡으시고 세 번 치시고는)

미국이여! 아름다운 나라요.
나성이여! 서국 설법의 땅이로다.
불광이 천추에 비치고
천하에 부처님 세상이 돌아옵니다.

7년 세월이 적지 않으나 길지도 않음이라.
봄날 되니 온 천하에 꽃이 피고
구름 이니 동서에 법우가 내리도다.
관음보살이 빙그레 미소 지으시도다.

불법이 미국에 이를 줄 누가 알았으리요. 신심 많은 도안스님이 큰 원력을 세워서 그 어려운 시기에 미국으로 건너와서 불사를 일으켜서 관음사 도량을 이룩했으니 참으로 장하고도 장한 일입니다.

말세에 마도가 성행하나 부처님 법은 유구하고 유구하여 세계 문명의 나라에서 부처님 법이 빛날 것을 믿어 마지않습니다. 이미 도량을 이룬 지 7년이나 되었으니 진심으로 축하합니다. 사질인 도안스님이 간청하고 간청하여 이곳까지 노구를 이끌고 왔으나 참 잘 왔다는 생각을 하였습니다. 참 좋은 나라입니다. 여기서 교민 불자님들과 또 이곳에 새로운 불자님들이 합심하여 부처님 법을 일으키시기 바랍니다.

여러 불자님들과 이곳의 교민 여러분들이 주지 도안스님의 원력이 반드시 이곳에서 꽃 피울 수 있도록 많은 도움을 주시기 바랍니다.

    관음사는 법왕의 도량이요.
    진리는 불자들의 도량입니다.
    법왕은 항상 빛을 놓아 중생을 품으시고
    중생은 부처님 품 안에서 빛을 보게 될 것입니다.

(주장자 삼하하시고 법상에서 내려오시다.)

佛紀 2525(1981)年 3月 15日

대각사 범종불사 회향 법어

上堂 拈起拄杖 云
(상당하여 주장자를 들고 이르시기를)

這箇道理 如何道
이 도리는 어떤 도리인가?

拄杖三下
(주장자를 세 번 치시고)

會麼
알겠는가?

若人欲了知 三世一切佛
應觀法界性 一切唯心造
만약 삼세의 모든 부처님의 뜻을 알고자 할진대

법계의 성품 모두가 마음의 조화인 것을 볼 것이다.

아침 종성을 할 때 아침 쇳송을 하면서 외는 염불입니다. 지옥에서 고통받는 중생들과 아수라들이 『화엄경』의 이 구절을 들으면 잠시 싸움을 멈추고 쉰다고 합니다. 고통받는 중생들이 부처님의 말씀을 들으면 번뇌가 녹아진다는 뜻입니다.

범종은 왜 범종인가 하면 범(梵)은 하늘이라는 뜻이니 하늘의 종이란 뜻이 됩니다. 하늘의 종소리가 삼천대천세계를 두루하여서 고통받는 유정 무정들이 모두 이고득락하라는 종소리입니다.

眞性도 不離色聲하니라.
色聲은 卽相이요 是卽現眞이라.
相外無眞이니 虛空卽相이라.
頭頭物物이 金香爐下施設法이니라.
有相中無相이여 梵鐘聲이 鐵圍崑崙山을 넘음이로다.
亦復如是나 離聲求佛하여야 得見佛聲이니라.
참 성품도 색성을 떠나 있지 않음이라.
색성(色聲)은 곧 상(相)이지만 이것이 곧 진성의 상으로 나툼이니,
상 밖에 진성 따로 참 없음이니 허공도 상이니라.
두두물물이 부처님께서 시설해 놓으신 설법이니라.
상이 있는 가운데 상 없음이여, 범종소리가 곧 철위산 곤륜산을 넘음이로다.

그렇기는 그러하나 소리를 떠나 부처님을 구하는 것이라야 곧 부처님의 말씀을 들을 것이니라.

대각이란 큰 깨침이니 용성조사께서 전법도량을 세우고 유정 무정의 고통을 덜어 주시고자 세운 절인데 효경(曉經)스님이 큰 법당을 세우고 범종까지 주조하니 이는 법운이 진법계에 가득하였습니다.

대각(大覺)이란 정각의 자리입니다. 큰 깨침을 말합니다.

우리의 본사이신 석가세존께서 처음 보리수하에서 정각을 이루시고 바야흐로 중생 교화의 길을 여신 뒤, 숱한 세월에 걸쳐 역대의 선지식들께서 끊이지 않고 혜명을 이어 오셨습니다. 그리하여 용성노사에 이르러 대각의 도량을 여시고 교화중생하시니 그 수를 이루 다 말할 수 없습니다.

| 대각사 범종각 |

용성노사께서 열반(涅槃)하신 지 반백년에 이르는 지금 효경스님이 주지로 재임하면서 대각성전을 건립하고, 더욱이 사부대중의 정성을 모아 범종을 주조하여 '대각의 종'이라 이름하고, 여러분들이 모인 자리에서 타종을 하게 되니, 참으로 조사님의 대각사상에 합당하다 아니할 수

없으며, 더 거슬러 올라가 역대의 제대조사와 시아본사이신 석가세존의 크신 은혜에 대한 보답이라 하겠습니다.

대각의 진정한 종소리가 온 누리에 울려 퍼지는 곳마다 비로자나 청정법신여래의 설법을 들을 것이며, 화장장엄세계가 열릴 것입니다.

'대각의 종' 종명(鐘銘)에 이르기를, '지혜로운 삶을 잇는 해탈자(解脫子)들이 대각의 종을 크게 울려 누리의 어둠을 쓸어버린다.' 하였으니 사부대중 여러분이야말로 이 '대각의 종' 소리에 해탈을 얻을 것입니다. 여러분들은 참세상 가는 길을 부처님한테서 인도받고 그 길을 열게 되었음을 축하하는 바입니다.

佛紀 2531(1987)年 8月 12日
大覺寺 祖室 古庵

11

열반절 및 성도절 법어

本無生死

上堂 拈起拄杖 云
(상당하시어 주장자를 잡으시고 이르시기를)

本無生死하니
那有涅槃이리오.
본래 생사가 없으니
어찌 열반이 있으리오.

捨身痛苦感人心
何況便聞不持說
圓寂釋迦淚悲泣
尊重如法諸衆生
몸을 던진 고통이 사람마음 감동시키니
어찌 하물며 법을 듣고 말씀을 지니지 않으리오.
석가모니 부처님 열반에 드시니 눈물바다구나

존중하기를 여법히 하라. 모든 중생들이여!

(다시 주장자 삼하하시고)

부처와 중생이 차별 없는 도리는 본래 생사가 없거니 어찌 열반이 있으리오. 그러므로 부처님께서 최후 법문에 말씀하시되 처음 녹야원으로조차 마침내 발제하에 이르기까지 49년간에 일찍이 한 말씀도 설한 바 없다 하셨습니다. 진리(眞理), 그 근본자리에서 말한다면 부처는 본래 부처요, 중생은 언제나 그대로 중생이다. 그러므로 부처님께서 중생을 제도하시기 위하여 생사를 해탈하고 열반을 증득하여 법문을 49년 동안에 12부팔만장경으로 설하셨습니다.

그리고 부처님께서 열반회상에 내가 멸도(滅度)했다 하여도 멸도가 아니며, 내가 응화(應化)하여도 응화가 아니니라. 부처님이 이렇게 설법하시니 그대 모인 대중이 한 번에 열반락을 얻었다고 합니다.

頭頭皆顯露
物物體圓平
如何汝不會
我謂太分明
두두물물 다 드러냄이여
물물 모두가 둥글고 평등하다.

어찌하여 그대는 알지 못하는가.
나는 말하리라. 분명하고 분명하도다.

오늘 여기에 모인 여러분들도 깨치셨습니까? 행주좌와 어묵동정 일상생활이 그대로 곧 열반이니 고금을 통하여 언제나 뚜렷이 밝아,

여러분! 해가 뜨면 일하고, 해가 지면 쉬며, 배가 고프면 밥 먹고, 곤하면 잠잔다. 부처님과 중생이 둘이 아닌 경계를 항상 수용해야 합니다.

平生旣是不如蹤
未後無復更點胸
人天大衆從玆悟
悅眸不見紫金容

평생에 이미 자취를 알 수 없으니
끝내 다시없이 가슴을 드러낸다.
인간 천상 대중들이 이로조차 깨쳐
눈동자를 따르면 부처를 보지 못하나니.

拄杖三下 後 下壇하시다.
(주장자로 법상을 세 번 치고 하단하시었다.)

佛紀 2517(1973)年 열반재일

龜毛兎角

竪起拄杖 云
(주장자를 세우시고 이르시기를)

會麼
아시겠습니까?

三下 云
(법상을 세 번 치시고 이르시기를)

龜毛兎角
거북의 털, 토끼의 뿔이로다.

오늘은 석가세존께서 녹야원에서 처음으로 법을 굴리신 지 45년간을 전하시고 설법을 마치시고 중천축국 구시나가라성 사라쌍수 아래에서 열반에 드신 날입니다. 사부대중은 열반에 드신 부처님을 보시었습니까? 만약 열반에 드시는 모습을 보지 못했다면 석가세존의 무여열반을 보시기 바랍니다.

(잠시 주장자를 들어 보이시고는)

應物萬般形이요
理中非一異로다.
人法兩俱忘이요
白雲不露醜하니라.
중생에게 응할 때에는 만 가지 형상이나
이치 가운데에 하나도 다름도 아님이로다.
사람과 법 둘 다 잊으면
흰 구름은 깨끗함 드러내도다.

大衆仰面看虛空하라
廓落無邊不見蹤이니
若了轉身些子力하면
頭頭物物忽相逢하리라.
대중은 얼굴을 들어 허공을 보라
확 트여 끝이 없어 자취를 볼 수 없도다.
만약 몸을 굴릴 힘이 있어 깨달으면
두두물물 모두 만나 보게 되리라.

妙體從來로 絶相色하나
覓則知君 不見蹤하리라.
妙峯頂上에 一轉身하면
十方無處 不逢渠하리라.
진실한 모습은 본래 상색이 끊겼으니
찾은 즉 자취를 볼 수 없음을 그대는 알리라.
깨친 최정상에서 한 번 더 몸을 뒤척이면
시방세계 어디서라도 그대를 보리라.

다시 말하면 참된 열반은 바로 여러분의 마음속에 있습니다. 열반이 무엇인가. 안락이니 일체의 고통이 끊어진 자리입니다. 무애자재하다는 말은 걸림이 없다는 말이니 지혜와 복덕이 구족하시어 한 걸음, 한 말씀, 한 가지 행이 걸림 없다는 말씀입니다. 석가모니 부처님께서 청정무애하다는 말씀은 바로 모든 것이 구족하여 걸림 없다는 말이니 일심을 자재할 줄 아시기 때문입니다.

자~ 여러분!
생사를 자재하려면 일체를 버리고 본심을 드러내어 묘심(妙心)으로 묘행(妙行)을 일으키어 처처에 공양하고, 사사에 불사가 되게 하시면 걸림 없이 자재하게 될 것입니다.

마지막으로 이 늙은이가 한 마디 더 하겠습니다.
해태와 방일하지 말고 허망한 생각을 일소하고, 부단한 정진과 성실한 수행이 있어야만 불타의 본지를 참되게 선양할 것이니 정진 또 정진하시기 바랍니다.

 열반법회의 회향공덕으로 사부대중과 온 국민, 그리고 전 인류가 부처님 자비광명을 함께하여 조국이 번영하고 세계가 길이 화평하기를 바랍니다.

 正眼看來總不眞이라.
 五蘊皆空卽涅槃이니라.
 바른 눈으로 보아라, 다 진실이 아니니라.
 오온이 다 공함이 곧 열반이니라.

 竪起拄杖 云
 (주장자를 세우시고 이르시기를)

 會麼
 아시겠습니까?

佛紀 2523(1979)年 2月 15日
曹溪宗正

어찌 부처의 얼굴을
알지 못하는가

拈拄杖 云
(주장자를 잡으시고 이르시기를)

會麽
알겠습니까?

打床一下 云
(법상을 한 번 치시고는 이르시었다.)

眼橫鼻直 天地玄
四十九年 積累功
龜毛兔角 滿虛空
一冬臘雪 落烘爐
눈은 찢어졌고, 코는 세웠으니, 천지가 그윽하다.
사십구년 동안 쌓은 공덕이

거북 털, 토끼 뿔이 허공에 가득하고
엄동설한 한 송이 눈이 붉은 화로에 떨어지는구나.

오늘은 석가세존께서 녹야원에서 초전법륜 하심으로 49년간을 고구정령하신 중생제도의 설법을 마치시고 중천축국 구시나가라성 구시나라 사라쌍수 사이에서 대열반에 드신 날입니다. 열반이란 단순히 육신의 입멸을 뜻하는 것이 아니라, 그 참뜻의 진리를 궁구하여 모든 번뇌와 망상 속에서 자재광명한 해탈을 얻고 생사를 초월하여 불생불멸의 법을 체득하는 지음 없이 여여하고 부동한 경지를 말합니다.

본성은 본래로 청정하고 걸림 없이 자재하여 생과 사를 미워하고, 사랑함과 취하고 버림과 차별의 모든 식정을 초월하며, 대비와 대지혜를 구족하고 있습니다. 그러므로 이 참된 자아를 찾아 길이 미혹한 세계를 여의며, 또한 열반에만 머물지 않고, 생사계의 중생을 제도하는 본래의 덕을 구현한다는 뜻입니다.

경(經)에 생사와 열반이 꿈과 같다 하였습니다. 진정한 뜻에서 말한다면 부처님께서는 탄생이 따로 있고, 열반이 따로 있을 수 없습니다. 오직 오신 바도 중생을 위한 시현(示現)이요, 가신 것 또한 중생을 위한 시현(示現)이시기 때문에 천지보다 먼저라도 그 비롯됨이 없고, 천지보다 뒤에라도 그 마침이 없다고 하지 않을 수 없습니다.

제방의 선가들도 열반을 위하여, 법(法)의 체득을 위하여, 가일

층 정진할 각오를 새롭게 해야 하겠습니다.

  해태와 방일하지 말며 삼독을 끊을 것이며, 부단히 정진하고 촌각을 다투는 수행이 있어야만 합니다. 부처님의 가르침을 참되게 건양하며 종지를 얻고, 철저한 수행으로 열반을 얻기 바랍니다. 거듭거듭 당부하니 원력을 새롭게 해야 할 것입니다.

  열반법회의 회향공덕으로 사부대중과 온 국민 그리고 전 인류가 부처님 자비광명을 함께하고 조국이 번영하고 세계가 길이 평화롭기를 삼보전에 기원합니다.

    平生旣是不知蹤
    末後求福更點胸
    百万人天從玆悟
    悅眸不見紫金容
    평생 동안 이 하나 자취 모르고
    말 후에 복 구함은 가슴에 점 찍느니라.
    백만 인천의 이를 쫓아 깨달으면
    어찌 부처의 얼굴을 보지 못하리요.

  억!

佛紀 2524(1980)年 2月 15日
宗正 古庵 曹溪寺

부처되셨네

陞座 拄杖三下
(법상 위에 올라 묵연히 앉았다가 주장자를 들어 세 번 치시고)

會麼
아시겠습니까?

夜半明星出現時
分明喪盡目前機
若言總具如來相
也是空拳誑小兒

밤중에 밝은 별이 나타날 때
분명 눈앞의 기틀이 다 벗어졌느니라.
만약 전부 여래의 상을 갖추었다고 말한다면
이것은 빈주먹을 가지고 어린 아이를 속이는 것이다.

會麼

아시겠습니까?

未到雪山 脚跟下 好與三十
旣到雪山 脚跟下 好與三十
夜半見明星 脚跟下 好與三十
更有三十 山僧自喫
釋迦老子無分 何也
有功者賞

설산에 이르기 전에 발밑에 좋게 삼십봉이요
설산에 들어갔다 해도 발밑에 좋게 삼십봉이라.
밤중에 밝은 별을 보았다 해도 발밑에 좋게 삼십봉을 주리라.
다시 삼십봉이 있다면 산승이 스스로 먹겠습니다.
석가모니 부처님도 분수가 없으니 어찌하여 그러한가?
공이 있는 자는 상을 받으리라.

대중을 위하여 상세히 설명을 하리라.

오늘은 석가세존께서 무상대도를 깨달아 부처님이 되신 날입니다.

사람은 본래로 참된 면목을 갖추어 있으나 무명과 번뇌에 쌓여 그 참됨을 보지 못하여 미혹한 세계에서 윤회하고 있습니다. 세존께서는 이 무명과 번뇌를 없애고 맑고 밝은 자아의 진면목을 찾으시려고 태자의 지위를 버리고, 부귀와 영화도 버리고 나라와 부왕까지 떠나 사랑하는 아내와 아들까지 버리고, 설산의 선인에게서 가르침을 배우기 위하여 6년 고행을 했다고 합니다.

실달태자는 마지막까지 일체의 것을 멀리하고, 먹는 것도 하루에 쌀 한 알 정도로 먹고, 옷은 시신의 버린 옷가지를 주워서 빨아서 입고, 철저하게 수행하던 유영굴(留影窟)에서 나와 나이란자나 강가에서 한쪽으로 치우치는 것은 옳지 않다 하고 목욕재계하고 무우수나무 아래로 가서 금강보좌에 앉았습니다. 그리고 12월 8일 오늘 새벽 동쪽에 솟는 밝은 별을 보는 순간 오랜 겁 동안 닦은 기연이 성숙되어 외도들을 모두 항복받고 모두가 일체 연기법을 깨달았습니다. 만고불멸의 진리를 확철대오하셨습니다.

참된 자아를 찾아 구족하신 인천의 대도사가 되셨으니 성도법회를 봉축하는 오늘이야말로 세존이 탄생하시는 날이라 하겠습니다. 이 큰 깨달음의 소식은 온 대천세계에 두루하셨고, 숭엄한 법통은 삼천 년이 지난 오늘까지 계승되어 억만 중생의 심중에 지혜광명을 밝혔으며, 또한 미래영겁에 이어져 무변중생이 다 참된 자아를 찾게 할 것입니다.

우리 불자들은 경건한 마음으로 이 성스러운 날을 봉축드려야 합니다. 신념을 갖되 어떤 신념을 갖느냐 하면 목숨을 던지는 위법망구의 신념입니다. 부처님 정법을 받들어 실천하여 하루 빨리 참된 자아를 찾아 인류 사회에 봉사할 각오와 긍지를 새롭게 해야겠습니다.

끝으로 성도법회의 원만회향 공덕으로 사부대중과 온 국민 그리고 전 인류가 부처님 자비광명을 함께 받아 국운이 융창하고 인류가 화평하며 나아가 필경에 스스로의 참된 면목을 찾아 이 땅 위에 불국토가 이룩되기를 삼보전에 기원합니다.

佛紀 2523(1979)年 臘月 8日
宗正 古庵 曹溪寺

제막 및 영결사

四溟大師 銅像 點眼式

眼掛長空하고 手握靈鋒이라
振喝一聲에 敵軍이 退散하였다.
太平이 本是將軍致나 不許將軍見太平이니라.

　四溟大師는 우리가 잘 알고 있듯이 山間에 묻혀 修道하시던 스님이었습니다. 倭敵의 侵入으로 나라와 백성이 塗炭에 빠진 것을 앉아서 보고만 있을 수 없던 스님은 憤然히 일어선 것은 敵과 우리나라는 對立意識에서가 아니라 오로지 苦痛받는 衆生을 건지려는 菩薩의 慈悲心에서였으며 國民으로서 가장 至重한 國家의 恩惠를 報答하기 爲해서였습니다. 그러기 때문에 恒久的인 平和를 위해 몸소 講和의 所任까지도 맡았던 것입니다. 스님이 우리 겨레의 큰 恩人임은 널리 알려진 바이지만 世上이 太平할 때는 그 恩惠가 잊혀지기가 쉬운 法입니다. 오늘날 스님의 功績은 글을 봐야만 記憶할 만큼 우리들에게서 거의 잊혀지고 있는 터입니다. 多幸히 佛子 德山居士의 莊한 信心으로 오늘 聖像을 모시게 된 것은 祖國의 榮光이며 그 弟子된 우리 佛子들의 共通的인 大悲願力입니다. 聖像을 奉安하게 된 이 마당에서 우리는 거듭 菩薩의 大悲願力을 다짐하여야겠습니다.

聖像의 點眼이며 靑天白日에 光舍万相이요.
大師의 功績이여!
三角山이 嵬嵬하고 漢江水는 滄滄이로다.

佛紀 2512(1968)年 5月 11日
宗正 古庵 曹溪寺

* 장충동 사명대사 동상 점안식에 박정희 대통령이 참석하고 대한불교조계종 종정 고암스님이 법어를 하셨다.

靑潭大宗師 塔碑除幕 法語

    大宗師 靑潭禪師 俗緣이 已盡하사 示寂歸化하신 지 於焉二歲라. 萬物은 無常하야 遷流變易이나 靈識은 獨露하야 無有生死하니 雖謂師去나 去者는 假物이요.
    菩提自性은 無來無去니 何有去來며 何有喜悲리오.
    是以로 思之컨대 本來面目이 何有古今가 是故로 禪師는 去而不去니, 何以是麽오. 師本無處나 自來 能去로 逍遙 自在하사, 有緣卽住하고 無緣卽去를 一住淸風하야 送知白雲하니, 雲集大衆은 如是面目의 其義를 能知아?
    今天吉辰으로 日擇時選하여 琢磨鉛石으로 刻記功績하고 法身舍利로 奉安浮屠하여 永世遺跡케 함은 在世敎訓의 不啻其香이오, 今諸佛子로 當此塔碑에 應當 供養하여 來世種福으로 須以 解脫하고 皆得 菩提케 하노라.

    圓成無量 阿耨多羅三藐三菩提

佛紀 2517(1973)年 11月 3日
宗正 古庵 曹溪寺

陸英修女史 逝去 弔詞

圓同太虛요
無欠無餘라.
둥글기는 태허와 같아서
남음이 없고 모자람도 없습니다.

浮雲散虛空하니
萬里天一樣이로다.
뜬구름은 하늘에 흩어지니
만 리 하늘이 온통 푸른 하늘뿐입니다.

　육영수 여사께서 감도 없고 옴도 없는 세상에서 이제 편히 쉬시기 바랍니다.
　김일성이 저지른 흉탄으로 국모를 잃었습니다.
　삼천리 방방곡곡에 통성이 울리고 온 민족이 통분하고 있습니다.
　저들이 저지른 패악이 어제 오늘 일은 아니지만 그 죄가 하늘을 덮고도 남습니다.

육영수 여사님!
여사님께서는 민족의 슬픔과 아픔을 안고 가셨습니다.
그러나 가신 것이 아니라 더욱 우리 국민 모두의 가슴에 있습니다.
우리 민족의 비애를 혼자 안으셨습니다. 어려운 곳곳마다 한시도 쉬지 않고 다니시며 그들의 손을 잡아 주셨습니다.
부처님이 당신을 이끄실 것입니다. 이제 왕생극락하시어 편안히 사십시오.
여사님이 손수 돌보시던 일들은 이제 남은 사람들이 할 과제입니다.
여사님은 우리 민족의 아픔을 온 몸으로 안았습니다.
이제 편히 쉬십시오.

육영수 여사님!
아미타 부처님과 팔만의 보살이 영접하실 것입니다.
극락왕생하소서.

佛紀 2518(1974)年 8月 21日
宗正 古庵 曹溪寺

陸英修女史 49齋 法語

(상당하시어 주장자를 높이 드시고 원을 그리시고는 원 가운데 점을 찍으시다. 잠시 묵연하시더니)

終日忙忙 與事無妨
不求解脫 天堂不樂
종일토록 바쁘고 또 바빠도 일하는 데 방해로움 없고
해탈도 구하지 않음이니 어찌 천상 극락을 바라리오.

하늘도 덮지 못하고 땅도 싣지 못합니다.
태어나신 원인도 수승하시고 가신 뜻도 수승합니다.
믿는 마음이 명백하고 의심 하나 없으시니
불법에는 인아(人我)법이 공하고 진성이 본래 평등하니 어디에서 부처를 다시 찾겠습니까? 여사께서는 취하고 버림을 이미 놓으셨으니 어디에서 무엇을 찾겠습니까?

육영수 여사님!
한 생각에 몰록 깨쳐 일체를 초월하시고
초월하신 후 청정한 정신은 만고에 길이 빛으로 남으소서.

  恁麼也不得이며
  不恁麼不得이니
  廓落太虛空에
  鳥飛無影迹이로다.
  이렇다 해도 안 되고
  저렇다고 해도 안 됨이니
  텅 빈 큰 허공에
  새가 날으나 흔적이 없음이로다.

한 생각 소소영영하여 비추지 않음이 없고
한 자취 역력하니 어찌 오고 감이 따로 있겠습니까.

(주장자 삼하하시고 법상에서 내려오시다.)

          佛紀 2518(1974)年 10月 2日
               曹溪宗正

朴正熙 大統領 逝去 弔詞

생사가 둘이 아니라고 하였습니다.

부처님께서는 제행은 무상이요, 제법이 무아라고 하셨습니다.

만상삼라가 끝없이 윤전하여 생멸하거늘 하물며 인생이라고 하여 어찌 영원을 기약하겠습니까. 그러나 이렇게 가시다니 너무나 애석하고 비통하여 우리는 믿을 수가 없습니다. 해와 달이 무색하고 산하대지가 허무할 뿐입니다. 가난이 우리의 숙명인 양 반만년을 체념하였던 황무지를 힘차게 딛고 일어서서 '우리도 한 번 잘 살아보라'고 햇불을 하늘 높이 들고 동분서주하시던 그 모습과 웅대한 설계는 어떻게 합니까? 국민은 지금 땅을 치고 통곡하고 오열하고 있습니다. 통일된 단일국민으로 세계에서 제일 잘 사는 일등 문화 문명국으로 가겠다고 설계하신 염원은 어찌하시렵니까?

각하는 우리 민족사상 가장 큰 별이셨습니다. 사람은 한 번 간다고 하지만, 각하께서 불철주야 고심하시던 조국 번영의 햇불은 태양처럼 빛날 것입니다. 대통령께서 못다 이룬 일들은 남은 국민의 몫이 되었으니 반드시 해낼 것으로 믿습니다.

　이제 피안에 가시어 대한민국 국민에게 희망의 등불을 밝게 비춰주시기 바랍니다. 부처님이 대통령을 맞이하시어 영원토록 고통 없는 세상에서 부처님과 함께 사시게 될 것입니다.

　민족의 등불이신 박정희 대통령이시여!
　왕생극락하소서.

佛紀 2523(1979)年 11月 3日
宗正 古庵 曹溪寺

朴正熙 大統領 49齋 法語

上堂 拈拄杖子三下

(상당하시어 주장자를 잡으시고 세 번 법상을 치시고는 원을 그리시고 삼점을 허공에 찍으시었다.)

    非色非身非心法
    然可色身由來去
    隨形無跡方能現
    權能自在愛民國
    이것은 색신이 아님이요 마음도 법도 아님이다.
    그러하나 이 색신으로 자유롭게 가고 옴이라
    형상 쫓음 자취 없으나 바야흐로 능히 나투고
    권능을 자유자재 쓰시어 나라 사랑하시었네.

    三十二相應萬物
    非異非一亦非心

請君仰面看虛空
廓落無邊不見蹤
삼십이상 갖추어 만물에 응해주니
다름도 아님이요 하나도 아님이며 또한 마음도 아님일세.
청하노니 대통령께서는 얼굴을 들어 허공을 보소서.
확 트여 갖이 없어 그 자취 또한 찾을 길 없습니다.

각하!
'會者正離요 生者必滅이라' 했습니다.
만나면 반드시 헤어짐이요, 태어난 자 반드시 죽는다 하였습니다.

무릇 있다 하는 것은 무엇이나 다 없어진다는 뜻입니다.
만남은 곧 이별한다는 윤회(輪回)의 이치를 말합니다.

박정희 대통령 영가이시여!
천하의 법이 이렇듯 무상하고 무상합니다.
영원한 것이 없다고 부처님이 하셨습니다. 무상이라고 합니다. 그러하긴 그러하나 갑자기 멸(滅)하신 대통령의 부음이 아직도 믿기지 않습니다. 인생이 어찌 영원하겠습니까마는 부처님께서는 다시 깨우쳐주시니 이 세상 모든 존재는 실상이 아니라고 하였습니다.
　사바세계는 윤회하고 또 윤회합니다. 이것이 바로 부처님의 진리입니다. 만상삼라가 변화하고 또 변화하는 도리라 하겠습니다.

그러나 변하지 않는 것이 있으니 바로 진리는 부증불감하여 생사도 없고, 더한 것도 없고, 모자라는 것도 없는 것입니다. 죽지 않고 사는 영원한 생명이요, 영원한 빛입니다. 그 분은 바로 부처님이십니다.

박정희 영가시여!
본래 오신 적이 없고 가신 곳도 없습니다.
이제는 이승과의 모든 일은 접으시고 부처님의 말씀으로 문득 깨달아 극락왕생하소서.

佛紀 2523(1979)年 12月 23日
宗正 古庵 曹溪寺

香谷大宗師 永訣式 法語

兩箇五百是一千
我父元是丈夫漢
分明對面向渠言
爭奈好心無好報
두 개의 오백 근이면 일천 근이요
우리 아버지 원래 장부로다
분명히 대면하여 그를 향해 한마디 하나니
어찌 좋은 마음에 좋은 보가 없음을 어찌하리오.

人間의 生死를 一段 白雲이 일어나고 사라지는 데 비유하였습니다. 이는 人間의 生死去來란 空間으로나 時間으로나 無常한 것임을 뜻합니다. 人間은 肉身을 참된 나라고 알고 있지만, 그러나 肉身이란 時劫과 空劫을 따르고 因緣에 따라 刹那刹那 遷流 變易하는 것입니다.

肉身은 잠시 왔다가 백운처럼 본래의 자리로 돌아갑니다. 四

大虛假의 無常한 眼耳鼻舌身意입니다. 참된 實相은 本來로 오되 옴이 없고, 가되 감이 없이 時空을 超越하여 無碍自在하고 常住不滅합니다.

이 境界를 아십니까. 香谷大禪師시여!

이 도리는 一切의 識情이 끊어진 淸淨常寂 涅槃妙道입니다.

여기 涅槃妙境에 드신 香谷大禪師시여! 대선사께서는 近域佛敎의 高德이시고 어지러운 宗團의 中心이었습니다. 스님은 또 善知識의 높은 敎化를 베푸시어 末世 衆生을 濟度하셨습니다. 그러나 스님의 色身은 이제 지난 세상의 因緣이 다하여 娑婆를 떠났습니다. 대선사께서는 勤修精進하신 道果를 成就하시어 輪回出沒하는 幻化空身을 훌훌 털어 버리셨습니다. 本來 眞性을 了達한 法身으로 돌아가셨습니다.

香谷大禪師시여! 여기 남은 우리들은 스님의 時空을 超越하여 淸淨無碍한 法身이 世界에 두루하여 恒常 娑婆衆生을 아끼시고 海東佛敎를 擁護하시기 바랍니다.

香谷스님! 西山의 햇빛은 희는 듯 붉으며 시냇물 소리는 가까운 듯 머나이다. 스님의 이 永訣式場의 많은 因緣들을 어떻게 하시겠습니까. 速還娑婆하시어 널리 衆生들을 구제하소서.

喝!

佛紀 2523(1979)年 1月 20日
宗正 古庵 曹溪寺

京山大宗師 永訣式 法語

新圓寂 京山堂 大宗師 覺靈이시여!
竪起拄杖云 還見麼니까
拄杖打一云 旣聞麼니까
旣了了見하시고 旣歷歷聞하신댄
畢竟에는 是箇甚麼닛고
古佛也 伊麼去하시고
今佛也 伊麼去하시고
大宗師 覺靈 伊麼去하시니
何物不敢壞하며 誰爲長竪固리요.

靈面猶如淨滿月하시여
亦如太陽放光明이니다.

大宗師 覺靈이시여!
曹溪宗門之下에 永作人天眼目하시와
速還娑婆再明大事 廣度群迷하소서.

佛紀 2523(1979)年 12月 29日

鏡峰大宗師 永訣式 法語

拈此一柱淸香은 三世諸佛의 法印이며 歷代祖師의 眼目이며 今日 覺靈이신 鏡峰大宗師의 本來面目이며 一切衆生의 命根이라. 特爲하신 莊嚴覺路하야 揷香爐中하노라.

예전에 조주스님은 120살을 살다 돌아가셨는데 40년간을 행각 수행하시고 40년간을 보임하시고 40년간을 중생 교화하셨습니다.
참으로 멋진 한평생이셨습니다.
금일 경봉대종사님은 40년간 수행하시고 50년간 중생 교화하시다가 금일에 중생들을 위하여 열반상을 보이셨습니다.

宗師一法還憶眞인댄
夜半三更撫關棙하라.

무슨 말이냐 하면 侍者가 스님께서 가신 후 스님의 모습이 뵙고 싶을 땐 어떻게 해야 하겠습니까?

"어떤 것이 스님의 참모습입니까?" 하니까 대종사님의 말씀이 "야반삼경에 대문빗장을 만져보거라." 하셨습니다. 이 말씀은 격식 밖의 말씀이요, 一超直入如來地의 법문입니다. 靈山當時 世尊께서 沙羅雙樹間에 大涅槃에 드셨습니다.

그때에 大迦葉존자는 모든 제자들과 함께 耆闍崛山中에서 禪定에 드셨을 때였습니다. 天地가 昏暗하고 日月이 無光하고 鳥獸가 슬피 울거늘, 세존께서 열반하심을 알고 神通으로 오면 일순지간에 오겠지만, 세존을 공경하는 의미로 도보로 빨리 행함에 7일이 경과되었는지라, 세존의 곽을 세 번 돌고 합장하여 말씀하기를 세존께서 열반에 드셨으니 어떤 곳에 경례하오리까. 원컨대 보여주시기를 바라나이다.

이때에 세존이 곽 밖으로 두 발을 내보이사 千幅輪相으로, 大光明을 놓으시니 광명이 시방세계에 사무치다가 다시 두 발이 관 속으로 들어가시더라.

諸佛子들은 들어 보시오.

참으로 죽어 혼비백산했으면 어찌 능히 곽 밖으로 두 발을 드러내 보여 광명을 놓으리요. 이것이 무슨 도리인가.

古今도 生死도 전부 초월한다는 義旨인가. 또한 옛 부처의 열반과 금일 대종사의 열반과 同別이 어떠한가.

古庵이 대중 앞에 증명하리라.

    芍藥花開菩薩顔이요
    棕櫚葉散夜叉頭로다.

함박꽃이 피니 보살 얼굴이요
종려잎이 흐트러지니 야차 머리 같도다.

一物이 있으니
물에도 젖지 않고 불에도 타지 않는다.
이것이 무슨 물건인가.

拄杖子一下 云
(주장자를 한 번 치시고 말씀하시기를)

능히 삼라만상에 주인이 되고
사계절의 핍박을 받지 않도다.

지금 내가 법을 설하고 여러분은 듣습니다. 그리고 이 법사는 여러분을 보고 여러분은 이 법사를 보는데 여러분이 보고 듣고, 내가 여러분을 보고 듣는, 역력히 외로이 밝은 형단 없는 이것이 어찌 일물(一物)이 아니겠는가.

조계육조는 '본래면목(本來面目)이라' 하셨고, 임제는 '무위진인(無位眞人)이라' 하셨고, 석두는 '암중(庵中)에 불사인(不死人)이라' 하셨고, 동산은 '가중(家中)에 불노자(不老者)라' 하셨으니, 이것이 다 일물의 다른 이름이로다.

이 일물(一物)이여!
구하려 해도 구할 수 없고 버리려 해도 버릴 수 없으며, 한 생각 일어나면 어긋나고 머뭇거려 생각해서 알려 하면 잃어버리고, 겨우 퇴보하여 실됨을 지키면 상응(相應)하는데, 다만 퇴보(退步)하려 하지 않을 뿐이며 겨우 놓아버리면 안락한데 다만 놓아버리지 못할 뿐이로다.

그래서 취부득(取不得) 사무득(捨不得) 부가득중(不可得中)에 다만 이러할 뿐이로다.

順風이 불어오고 順風이 불어옴이여!
天機가 이미 누설됨이라.
淸風이 淡淡한 곳에 祖師의 뜻이 전부 드러났도다.
다만 시절을 관할 뿐 별로 사량할 게 없도다.
이제 다시 大宗師의 眞面目을 들어 보이리라.

五月江深草閣寒이로다.
오월 강물이 깊으니 초가집이 춥도다.

억!

佛紀 2526(1982)年 7月 21日

錫岩大宗師 49齋 法語

上堂
拈拄杖子三下 云
(법상에 오르시어 주장자를 세 번 치시고)

蚌蛤隱明珠
石中藏碧玉
有麝自然香
何用當風立
조개 속에는 밝은 진주가 있고
돌 속에는 벽옥이 감춰져 있음이라.
사향노루 있으니 저절로 향기가 남이니
어찌하여 바람 앞에 섰으리요.

석암대종사시여! 고불도 이렇게 가셨고
스님께서도 이렇게 가셨으니

삼세제불께서 일시 성불하신 역사입니다.

　스님께서는 삼학을 닦으신 대선사요, 대율사가 되셔서 전계화상이 되셨습니다. 그리하여 천하에 계를 설하시고, 또 전국 어디든지 불자가 있는 곳이면 찾아가 법문을 하셨습니다. 또한 대소 불사에도 모두 참석하시어 법음에 목말라 하는 중생들의 귀를 열어 주시었습니다. 이렇게 교화하시어 대선사의 덕화를 입은 사부대중은 그 수가 헤아릴 수도 없습니다.
　스님께서는 선사(先師)이신 신혜월(申慧月) 큰스님께서 계시던 동래(東萊) 선암사(仙岩寺)를 맡아서 선방을 열어 많은 수좌들의 선 수행을 도우시고 노사들을 많이 모셔 오시다가 말년에 부산의 명승지인 구덕산 도솔봉 내원정사(內院精舍)에 주석하시며 찾는 불자들 모두가 환희심을 얻도록 하시고 그들을 인도하시었습니다. 모두가 스님의 법력이라 생각합니다. 뿐만 아니라 스님의 제자 정련 주지는 스님을 모시고 전법하고 스님의 제자답게 삼학이 익을 뿐만 아니라, 유치원을 전국에서도 뛰어나게 잘 운영하여 전국 최고의 자리로 매김하였습니다. 이는 모두 대작불사가 아닐 수 없습니다.

　스님께서는 일평생 어느 산중에 가시든지 율을 설하시고 누구나 잘 알아듣게 설법하셨습니다. 어찌 스님을 따르던 수많은 불자들의 가슴에 남아 있지 않겠습니까?

대선사시여!

속히 사바세계로 돌아오시어 고통받는 중생들을 다시 돌보소서.

석암대종사 각령이시여!

    無生亦無滅

    無我亦無法

    永除生死絕

    得涅槃長樂

    남도 없고 또한 멸함도 없으며

    내가 없으니 또한 법도 없습니다.

    영원히 생사를 끊으시고

    길이 열반의 기쁨을 얻으소서.

(주장자 삼하하시고 하단하시다.)

                                          佛紀 2530(1986)年 陰 6月 7日

13

대담과 노사의 가르침

이 글은 큰스님께서 조계종 종정으로 취임하신 이후 각종 신문과 방송, 인터뷰 등에 실린 것을 초록하여 모은 장이다.

염화실의 미소

| 대담 : 曺五鉉(당시 불교신문 편집국장, 현재 신흥사 향산선원장) |

　근세 한국불교사는 격동과 혼란으로 점철되어 왔다. 이조의 억불, 일제의 왜색 불교화, 6·25사변 전후의 격동은 이 나라 불교의 존립마저 위태롭게 하였다. 그러나 1,600여 년 동안 우리 민족과 그 운명을 같이 해온 이 나라 민중 속에 뿌리박은 민족 종교가 쉽게 맥이 끊어질 수는 없었다. 조선에도 훌륭한 고승들이 많이 배출되었고 이들은 구국(救國)의 선봉이 되기도 하였다. 일제강점기 때에도 우리는 백용성, 한용운 스님과 같은 구국선사를 만나게 된다.

　여기서 돌이켜 보면 사변 때 피난을 갔던 정부가 환도했을 때 한국불교사의 대전환이 전개된다. 이른바 진리파지 운동이라 일컬어지는 정화 불사가 곧 그것이다. 고암대선사(古庵大禪師)는 근대의 선지식으로 이러한 와중 속에서 살아오신 산중인으로서 제3대, 4대, 6대 조계종 종정을 역임하셨다.

| 【편집자 주】 극구 사양하시는 종정스님을 모시고 스님의 법어를 들을 수 있었다. |

필자가 금정산 범어사를 찾아갔을 때 큰스님께선 언제나처럼 악수를 청해 오시면서 자비스러운 미소만 머금고 어떠한 물음에도 "다 그런 거여, 다 그런 거여." 하실 뿐, 다만 악수와 미소로만 대답하실 뿐 더 말씀이 없었으나 마감 시간에 쫓기는 편집자의 얼굴이 떠올라 두서없이 서두르지 않으면 안 되었다.

"큰스님께서 해외 불자들을 위해 해외에 머물다 오신 줄로 알고 있습니다. 우리나라도 국력 신장과 함께 해외로 나가는 교포가 날로 늘어나고, 따라서 우리 스님들도 교포사회의 포교를 위해 해외 특히 구미지역에 나가 노력하시는 스님들이 많습니다. 그러나 아직도 초창기라 여간 어려운 점이 많지 않을 텐데 큰스님께서 직접 돌아보시고 느끼신 소감부터 듣고 싶습니다."

古庵 "그곳 스님들은 한마디로 말해 모두가 불보살의 화신(化身)들이야. 여기서 생각하는 것과는 판이하게 달랐어. 우리는 지금껏 정진만 잘하면 따뜻한 방에 앉아서 공양을 받지만 그곳 스님들은 잠시도 쉴 시간이 없는 것 같아서 교포신도들의 생업(生業)에서부터 자녀들 교육에 이르기까지 늘 관심을 갖고 보살펴 주고 있는데 행원(行願)스님과 법안(法眼)스님, 도안스님, 대원스님 같은 스님은 변호사 소임까지 맡을 때가 많았어. 왜냐하면 처음 간 교포들이 무슨 교통사고와 같은 불미스러운 사건이 생기면 말도 통하지 않고 그곳 법률도 잘 모르기 때문인 것 같았어."

"큰스님 말씀을 들으니 입전수수란 말이 떠오릅니다. 자리(自利)의 수행을 마치고 육도의 저자골목에 들어가 자유자재하게 이타교화(利他敎化)하는 우리 스님들의 장한 모습 말입니다. 그런데 평소 큰스님을 존경하는 많은 불자들은 언제 큰스님께서 출국하셔서 귀국하셨는지 그것까지 모르고 큰스님의 근황에 대해 궁금해하시는 분이 많습니다. 신문의 동정란에 알리고 싶어도 큰스님께 누가 될까 싶어 알리지 않았습니다."

古庵 "그런 것은 앞으로도 알리지 않는 것이 좋아. 신문에 이름이 자꾸 나오면 유명해져. 승(僧)이 유명해지면 명리(名利)에 떨어지기 쉬워. 따라서 명리에 떨어지면 공부 잘하기 어렵지. 부처님이 아라한에게 말씀하시되, '미륵의 발심이 나보다 42겁을 앞섰으나 내가 그 후 발심하여 대정진을 일으켜 마침내 그보다 9겁을 앞서서 무상정각을 이루었노라'라고 하셨지. 무슨 말인고 하면 석가모니 부처님은 후진이로되 42겁의 선배를 뛰어넘은 것은 정진과 해태가 그러한 것이었단 말이지. 경에 이르기를, 미륵은 명리에 탐착하여 높은 문벌 사람과 사귀기를 좋아했다 했으니 미륵이 먼저 배웠으되 뒤에 이루게 됨은 그 까닭이 결코 다른 데에 있지 않았다는 뜻이지. 부처님은 명리를 버리고 산림에 들어가 국왕 대신과 친하지 않았기 때문에 미륵을 앞섰다는 해석이 되는 것이지.

그러므로 고대 인도의 수행자들은 국왕의 예경까지 거부했다는 거야. 헌데 언제부턴가 출세간인(出世間人)에 세간법(世間法)에 얽매여 있는 느낌이 들어 출세간법(出世間法)보다 더 좋은 법은 없는데…."

마음이 동요하면 가지가지 현상이 생기고
마음이 가라앉으면 가지가지 현상이 사라진다.

"큰스님의 말씀은 결국 명리승(名利僧)이 되면 공부가 그만큼 늦어진다는 경책이겠습니다만 이 순간 저의 마음이 그 무슨 매를 맞은 것처럼 아파옵니다."

古庵 "그건 마음이 동요한 탓이지. 心生則種種法生이요 心滅則種種法滅이라. 마음이 동요하면 가지가지 현상이 생기고 마음이 가라앉으면 가지가지 현상이 사라지는 것이지. 그러므로 명리(名利)에 떨어지기 전에 도(道) 공부를 해야 하지.

그렇다고 해서 도를 먼 곳에서 구할 생각은 버려야 해. 달마대사는 관심일법(觀心一法)이 총섭제행(總攝諸行)이라 했거든. 여래의 8만4천의 법문 그 모두가 마음을 설한 것이란 의미지. 그러므로 화엄경에 응관법계성(應觀法界性)이라 했어. 중생이 하는 말, 그것이 여래의 말이며, 중생의 마음 그것이 여래의 마음이야. 더 나아가 생산하는 일, 기술공예 이 모두가 여래보광명지(如來普光明智)가 운위하는 상(相)과 용(用)이지 절대로 다른 아무것도 아니지. 그러나 말과 글을 따라다니면 안 돼. 말은 뜻대로 다하지 못하고(言不盡意) 글도 뜻대로 다 쓰지 못한다(書不盡言) 했거든."

"제가 공부를 하지 못한 탓인지 모르겠습니다만 방금 큰스님께서 하신 말씀에, 말은 뜻대로 다하지 못하고 글도 뜻대로 다 쓰지 못한다는 말씀은 오로지 이심전심(以心傳心)으로만 통한다는 말씀으로 들립니다. 무식한 생각을 여기서 말씀드리면 요즘 대중불교니 하여 시대의 변천추이에 따라 불교 서적도 많이 나와야 하고 대중을 상대로 설법도 많이 해야 한다고 하고 마땅히 그래야 할 것 같습니다. 언어문자를 사용하지 않고 어떻게 대중불교를 전하겠습니까? 저는 선방에서 정진을 해 보지 못한 탓인지 선방스님들이 언어문자를 배격하는 것을 볼 때 안타깝습니다. 이에 큰스님의 말씀을 듣고 싶습니다."

古庵 "물론 선문(禪門)에선 지해(知解)는 금물이야. 옛적 덕산스님은 모두 경교(經敎)에 통달했지만 특히 금강경의 권위자로서 주금강(周金剛)이라는 별명까지 얻은 사람이 있어. 하루는 주금강이 말하기를, 경에 보살이 성불하려면 십천겁 정진을 거쳐서 육도만행을 닦아야 한다고 하였는데 소위 남방의 선객들은 직지인심 견성성불(直指人心 見性成佛), 오직 한 찰나에 성도한다고 하니, 이런 해괴망측한 일이 있을 수 있느냐 하고 남선돈오배토벌(南禪頓悟輩討伐)의 길을 떠났는데 마침 한 고갯길에 접어들어 주막에서 점심을 청하자 주인 노파가 그의 보따리에 있는 것이 무엇이냐고 물었

| 용탑선원에서 |

지. 주금강은 의기양양하게 자기가 저술한 『금강경소(金剛經疏)』라고 대답하자 그 노파가 묻기를, 금강경에는 과거심불가득 현재심불가득 미래심불가득(過去心不可得 現在心不可得 未來心不可得)이라고 분명히 쓰여 있는데 스님은 지금 그 어느 마음에 점심을 하시려고 하느냐 하고 물었지. 그때 말문이 막힌 주금강은 노파의 지시에 따라 용담숭신(龍潭崇信)에게 가서 머무르게 되었지.

어느 날 밤늦도록 숭신을 모시고 있다가 자기 처소로 돌아가려 할 때 밖이 캄캄하여 길을 분간하지 못하겠는지라 다시 돌아보니 숭신화상이 촛불을 켜주었어. 헌데 그가 촛불을 받아 들자마자 화상은 그 불을 확 불어서 꺼버렸지. 그 찰나에 주금강은 문득 깨치고 그가 귀중히 여기던 『금강경소』를 불당 앞에서 불살라버렸다는 이야기가 있고, 또 대혜보각 선사는 공안(公案)에 대한 의해(義解)의 시폐(時弊)를 광구(匡救)하기 위하여 그의 스승 원오극근(圓悟克勤)선사가 편찬한 『벽암록(碧巖錄)』을 모아 모조리 불살라버렸다는 고사(故事)가 있지. 이것이 어구의해(語句義解)가 득도에 얼마나 장애가 되는가를 역력히 보여준 것이지."

"그렇지만 방금 하신 큰스님 말씀도 사실은 언어문자가 아닙니까?"

古庵 "그러니까 아까 말과 글을 따라 다니지 말라 했지. 그렇게 가까이 일러줘도 못 알아들으면 어떡하지. 『금강경소』나 『벽암록』을 태운 것은 언어문자에 집착하지 말라는 경책이지, 그 언

어문자 자체를 배격한 것은 아니야. 진실로 묘한 뜻은 말이 끊어졌으나 글과 말을 빌어서 그 뜻을 말하고(然而妙旨絕言 假文言以詮旨) 참 종지가 그 모양은 아니나 이름과 모양을 빌어서 그 종지를 표방한다(眞宗非相 假名相以標宗) 했거든."

"언젠가 정휴스님이 옮긴 큰스님의 친견기를 보았습니다. 거기에 '윤회를 믿느냐?'고 물은 어느 신문의 설문을 말씀드렸을 때 큰스님께선 '나는 확신해. 중생계에 그런 것 없으면 정말 섭섭해.'라고 하신 말씀을 읽었습니다."

古庵 "내가 언제 정휴수좌에게 그런 말을 했나 몰라. 그렇지만 인과는 말에 그치는 것만도 아니지. 선인락과 악인고과 여영수형(善因樂果 惡因苦果 如影隨形)이라. 선한 원인은 락의 결과요, 악한 인연은 고(苦)가 되고 그것은 마치 그림자가 형상을 따르는 거와 같다고 했지. 또 이런 시구(詩句)도 있어 다행히 불법 만나 사람 몸을 얻어서(幸逢法得人身) 여러 해 수행하여 성불하게 되었더니(歷劫修行近成佛) 진심을 한 번 내고 뱀의 몸을 얻었네(一起瞋心受蛇身). 마음은 있지마는 말 못하는 입이라(含情口不言語) 꼬리로 글을 써서 이 사정을 말하니(以尾成書露情眞) 원컨대 스님께서 염부제를 가거든(願師選向閻淨提) 이 형용 말씀하여 뒷사람을 깨우치소(說此形容誡後人). 이건 옛날 홍도(弘道)라는 비구가 있었는데, 그가 죽어 뱀이 되었는데 그 뱀의 꼬리가 쓴 시야."

불교의 이상 세계는 물질적인 세계가 아니라 정신세계에 바탕을 두어…

"앞서 큰스님께서 중생의 마음 그것이 곧 여래의 마음이요, 생산하는 일, 기술공예 그 모두가 여래보광명지가 운위하는 상(相)과 용(用)이라 하셨는데, 그렇다면 굳이 인과를 생각할 필요도 없이 세간에서 자재무애로 사는 것도 좋을 것 같습니다. 이에 큰스님의 말씀을 들었으면 합니다."

古庵 "어디서 입득세간(入得世間)이란 말을 들었군. 그런데 그게 큰 잘못이야. 입득세간(入得世間)이란 음주(飮酒), 식육(食肉)도 무방하다는 것은 유탕(遊蕩)을 의미하는 것은 아니야. 그런데 근래에 정당한 방편도 모르고 일종의 수행을 하는 사람들이 무명업전(無明業田)에 내맡겨져 온갖 조악(造惡)을 현행(現行)하는 것을 입득세간(入得世間)의 뜻으로 착각하고 있어. 세속적인 사람들의 그날그날 생(生)의 의욕 그대로가 지도(至道)니, 다시 더 깨침을 구할 바가 없다느니, 다만 마음 가는 대로(生心動念) 물욕의 세계에 집착도 무방하다느니, 하는 따위 충동적인 본능을 궁극적인 진리로 믿는 집착에 불과해.

원래 입득세간이란 환경이 나에게 유리하건 불리하건 간에 좋은 것 나쁜 것에 집착하여 취사선택을 하지 말고(但見 但聞), 좋은 것 나쁜 것으로서 대상의식의 기멸(起滅)이 없는 경지에 도달했을 때 비로소 이것을 입득세간이라는 것이지. 무증무득(無證無得)이 진실로 미오(迷悟)의 차별상(差別相)을 여의는 것이요, 이것이 곧 유위변천의 생멸법을 벗어나는 것이지. 즉, 유위(有爲) 생멸변천의 미혹의 세계로서 세간에 살면서, 그러나 무위변천의 생멸상으로서 대경(對境), 즉 대상적 사물의 유무와 진위 차별에 집착하지 않고 따라서 그것들에 의하여 거리낌없이 무애자재하는 것이 출세간 즉 해탈의 의미가 되지.

그러므로 입득세간이 곧 출세간법이라 하겠는데 공부도 하지 않고 선지식 흉내부터 내면 안 되지. 헤엄을 배워야 바다에 가도 빠져 죽지 않는 거야."

"큰스님 말씀을 듣고 보니 문득 부처님은 이 현실에서 이 세계를 자기 자신에게서 이룩하였고 그는 그의 즐거움을 맛보고는 보리수하에서 다시 다른 나무 밑으로 자리를 옮겨 무한한 기쁨에서 떠나지 못했다는 말이 생각납니다.

그때 부처님이 얻은 정각의 내용이 되고 있는 이 세계의 풍광을 상상하면서 극히 상식적으로만 이해할 수밖에 없습니다. 큰스님께서 한 번 더 일러 주셨으면 합니다."

古庵 "불교가 희구하는 이상 세계는 물질적인 세계가 아니라 그 정신적인 세계에 바탕을 두지. 그 세계는 희·로·애·락의 지적(知的)인 세계가 아니라 상대적 대립을 떠난 깊고 넓은 영묘한

무분별의 세계야. 비유하여 현실세계는 감각과 지(知)에 의하여 분별(分別) 속에서 고뇌를 받는 세계라면 이 영묘한 무분별의 세계에는 감각이나 지성보다는 차원을 달리하는 영성적 주체라 할 수 있을 거야. 그러나 감각이나 지성에도 불성, 영성(靈性)이 따르지. 그러므로 이들 감각이나 감성과는 뗄 수 없는 관계가 있다고 할 것이니 불성의 세계를 본체계 법계라 하면 감각의 앎의 세계는 현상계라고 할 수 있어. 영성이란 말이 적당치 않으면 부처님 깨달음의 그 마음인 만큼, 각성 또는 불성이라 해도 좋을 테지. 이 불성은 인간적인 모든 심의 활동이 멸각된 후에 나타나는 절대 근원적인 것이지. 이러한 불성은 분별하는 주체가 되는 무분별지(無分別智)라고 하는 것이니 그것을 또한 청정세간지라고도 할 수 있지. 그러나 이것을 어떤 특수한 개체나 실체로 보는 것이 아님은 물론이야. 만약에 특수한 개체나 실체가 있다고 하면 그것은 지성으로 분별하는 것이므로 자성(自性) 곧 불성은 이런 분별지가 아니기 때문에 여기서 있다 없다, 이렇다 저렇다 하고 말을 붙일 수가 없어."

신심이 확고해야 번뇌가 완전히 제거되어 혜안이 열려 삼매에 들 수 있어

"그러한 큰스님의 말씀을 일러 흔히들 말하는 종교계의 불가사의라고 하는 것인지도 모르겠습니다. 왜냐하면 하느님이나 부처님을 믿는 사람이 하느님이나 부처님이 '있다' '없다'고 따지지 말라는 말씀으로 들리기 때문입니다. 다시 말씀드리면 부처님은 자기 자신의 근본에 있는 영성, 불성을 보았을 때는 있는 것이다. 그러나 이때의 '있다'라는 말은 '없다'라는 말을 상대로 한 말이 아니라 유무를 떠나서 그저 무조건 있는 것이라는 의미로 받아진다는 말씀입니다. 저는 그렇게 들었습니다."

古庵 "그래 사람은 다 그 영성이 밝게 나타났을 때 참된 사람이 되는 것이지. 참선하는 수좌들이 먼저 심의식(心意識)을 지멸(止滅)시키는 것도 이 영성의 눈을 뜨게 하기 위한 것이요. 염불삼매(念佛三昧)에 들었을 때 불보살을 친견하는 것도 이 영성의 눈, 마음눈으로 보는 것이지. 이 영성이 곧 무량광불이요 부처님국토야. 여기에는 시간적으로 영원한 것이요 공간적으로 무한하여 대립이 없고 생사윤회의 업보가 없는 것이지. 허지만 이것도 다 말이야. 아까 말을 따라다니지 말라고 내 분명히 일러 주었지."

"마지막으로 한 말씀만 더 올리고 물러나겠습니다. 큰스님께선 민족대표 33인의 한 분이신 용성(龍成)스님으로부터 '불조원불회 도두오불지 운문호병단 진주라포장(佛祖元不會 掉頭吾不知 雲門胡餠團 鎭州蘿蔔長)'이란 전법게(傳法偈) 전수받으신 줄로 알고 있습니다. 저 개인에게 하셔도 좋고 전 사부대중에게 하셔도 좋겠습니다. 당부의 한 말씀을 주시면 좋겠습니다."

古庵 "당부라니 다 말했어. 그저 신심만 돈독하면 돼. 화엄회상에서 선재동자가 1백 10성(城)을 다니면서 53선지식을 두루 참배하여 무상과(無上果)를 얻을 수 있었던 것도 신심에서 비롯된 것이요, 법화회상에서 8세(歲)의 용녀(龍女)가 구슬을 올린 공덕으로 무구(無垢)세계에 가서 성불을 할 수 있었던 것도 하나의 믿음에서 이루어졌거든. 이러한 불퇴전의 믿음이 확고해 요지부동하면 되지. 누가 뭐라 해도 오로지 신심이지. 이 신심만 확고하면 계행도 청정해지고 자비심도 베풀게 되고 자기 자신의 허물도 자연적으로 알게 되지. 따라서 참선하는 이는 견성하고 염불하는 이는 삼매를 얻고 주력하여 법신을 증득하고 간경(看經)하여 혜안이 열려 번뇌가 완전히 제거되지. 그러니까 화두를 드는 이도 철저하게, 염불이나 관음주력을 하는 이도 철저하게, 간경을 하는 이도 철저하게, 대도(大道)는 뒤로 볼 때 열려 있지 앞으로 볼 때 무문(無門)이지."

1982年 2月 21日
佛敎新聞

실상을 바로 알자

| 대담 : 宣元彬 |

古庵 "네게 한 물건이 있으니 허공보다 더 비었고 우주보다 더 크고 일월(日月)보다 더 밝아서 밥도 먹고 옷도 입고 다니고 일하고 말할 줄 알되 볼 수도 없고 만질 수도 없는 이것이 무엇이지?"

(고암노사는 기자의 눈을 차근히 들여다보며 조용히 묻는다.)

"귀동냥 한 지식으로라도 뭐라 대꾸해 볼 것인가."

(우선 자리를 고쳐 앉았다.)

古庵 "마음이지 그렇지. 이놈을 잘 다스려야 돼. 그런데 그게 안 된단 말이지. 중생계는 분별경계에서 살아가느라 문(門) 안 일을 까맣게 제쳐놓고 문(門) 밖에서만 맴돈단 말이지."

(그래서 노사는 근래 법회에서 지시불(知是佛)을 넌지시 머리에

들추어낸단다. 굳이 선객(禪客)이 아니라도 즉심시불(卽心是佛)이나 응무소주 이생기심(應無所住 而生其心)쯤이야 잡아 챙기지 못할 터 없겠으나 대다수 불자(佛子)들이 아직 그 경계에 있어, 그것이 크게 필요한 일이라고 노사는 보는 때문이다.)

古庵 "알음알이는 안 하는 것만 못해. 바로 알아야지. 면벽 몇 년에도 제구실 못하는 것이 다 그 때문이야."

(아는 데서 그쳐서는 안 된다는 뜻으로 이해를 해 본다.)

"깨쳤다는 말이 있습니다. 그 길 또한 어떻게 나 있나요?"

古庵 "선과 악이 있는 줄은 알지. 아마 주위에서 항시 보고 느낄 거야. 그런 것처럼 부처다 깨쳤다 라는 것이 어디 먼데 있는 줄 아는 모양이야. 이 몸체를 이끌고 가는 데는 여러 갈래의 주인이 있겠지만 그 주체가 되는 마음 중에서 선(禪) 쪽으로 끌고 가는 그런 경계지."

(노사는 차를 한 모금 들며)

古庵 "길! 하나도 어렵지 않아, 계(戒) 지키면 돼."

(노사는 계첩을 서랍에서 들춰내어 일일이 설명해 준다. 어찌나 자상한지 다소 긴장했던 마음이 조금은 가셔진다.)

古庵 "잎이 나고 꽃이 피고 열매가 맺는 것이 모두 인(因)이 있어서야. 이게 다 그대로 되는 것인가? 육안(肉眼)으로 보이지 않지만 어떤 형태로든지 규율이 있어서 훌륭한 열매가 맺어지는 거지."

(그러면서 눈을 지그시 감고 기자에게 또렷또렷 이렇게 일러준다.)

晝明鶯兒歌
夜來杜鵑聲
한낮에는 앵무새가 울고
한밤에는 두견새가 운다.

"어때 요즘 철에 맞는가."

(해인사 가야산 용탑선원 서쪽에서 새소리가 들린다.)

"일전에 저희 신문에서 몇 가지 앙케이트를 내돌린 일이 있는데 '윤회를 믿느냐' 하니까 어쩐 일인지 어정쩡한 대답들이 많았어요. 책임자가 섭섭했다고 해요."

古庵 "나는 확신해. 중생계에는 인과는 말에 그치는 것이 아니지. 인습도 그렇지! 무슨 운명처럼 주저앉을 게 아니라 끊고 잇고, 또 끊고 잇고 하면 바꿔치기도 될 수 있다고 봐. 보다 근본적인 것에 상치되지 않느냐고 할테지만 불교는 고쳐나가는 좋은 점이 있을 게지."

(며칠 전 불국사 선원개원식 때 미쓰崔가 찍어서 전해주라고 한 두 장의 사진을 기자가 건네주려니 그곳에서의 말씀을 들려준다.)

古庵 "欲入佛地非禪無門이지! 참선 참선하며 다들 야단들이지만, 꼭 앉아서만 하는 건 줄 알아. 서고 걷고 하는 중에도 하는 게야. 명안종사(明眼宗師)가 많이 나서 선풍(禪風)의 해이를 막아야지."

(그러면서 계·정·혜를 잘 닦아야 할 것이라고 일러준다.)

"사람들은 영원이란 말을 잘 씁니다. 영원히 사랑한다느니 영원히 살고 싶다느니…."

古庵 "불교를 알아보라 하지. 물론 궁극에는 깨치기 위해서…. 시간관념에 너무 얽매이다 보니 모두 그런 투일 거야. 한 생각 뒤집고 보면 공간·시간이 없는 건데…."

(용성화상이 노사에게 전한 것으로 알려진 전법게가 문득 생각을 키운다.)

古庵 "佛祖元不會 掉頭吾不知
　　　雲門胡餅團 鎭州蘿蔔長"

(노사에게 청하여 들은 우리말 풀이는)

"부처님과 조사가 원래 알지 못하고
머리를 흔들고 나도 알지 못하네.
운문의 호떡이 둥글고
진주에는 무우가 길다."

古庵 "무우 법문 떡 법문 알지."

"불자(佛子)에게 한 말씀을…."

古庵 "화두를 드는 이는 철저하게, 염불이나 관음주력을 외는 이도 철저하게."

    白鷺下田千點雪
    黃鳶上樹一枝花
    백노가 내려앉으니 점점이 희고
    꾀꼬리가 나무에 앉으니 꽃이 피었도다.

(대담이 끝난 후 기자에게 이 염송 한 구절을 일러준다. 上京하면서 내내 읊조려 보려니 그 노란 풍경 속에 고암대종사가 살며시 웃고 있었다.)

佛敎新聞

진리를 찾아가는 길

| 대담 : 釋性愚(당시 홍콩 홍법원장, 현재 불교TV 회장) |

사람은 누구나 신선한 충격을 잠재적으로 원하는 것 같다. 더구나 새해가 되면 올해는 보다 나은 무엇을 이루고저 마음속으로 모래성을 수백 번 수천 번 지었다 허물고, 허물었다 짓곤 한다.

엄동설한에 노구를 돌보지 않고 불사(佛事)에 참여하시려고 먼 길도 마다하지 않고 외려 기쁜 마음으로 서울까지 오신 종정 고암 노스님을 서울 봉익동 대각사 신축 법당 이 층에서 뵈었을 때 스님은 그 특유의 인자스런 미소를 잃지 않으시고 맞이하여 주셨다.

"노스님, 엄동설한에 법체청안하십니까." 하고 세 번 절하려니 기어코 한 번만 하라고 하신다.

그리고는 홍콩 신도분들, 안부를 물으신다. 호주 시드니 신도분들 소식도 궁금해 하신다. 얼마 전에 육신의 옷을 벗은 백봉 김기추 거사의 애석함도 잊지 않으시는 자상함은 바로 보살을 대하는 듯 하신다.

새해 신년 벽두 문안 탐방 기사를 위해서 찾아왔노라고 아뢰었더니 다른 방으로 가셨다가 불자명심(佛子銘心)이란 몇 장 안 되는 팸플릿을 가지고 오셨다. 인생 구순을 바라보면서도 본질적 자비의 실현은 무루하시다.

"부처님 제자들은 항상 네 가지를 생각하여야 하느니라." 하신다. 그리하여 불교의 교주는 석가모니불이고, 경전은 금강경이며, 신도들이 지켜야 할 계율은 십중대계(十重大戒)이며, 일상 해야 할 일은 참선임을 강조하신다.

노스님께서는 절에 오래 다닌 신도들에게 불교의 교주가 누구냐고 물으면 그것마저 모르고 우리 조계종의 소의경전과 일상생활 덕목이 무엇인지 몰라 서성이는 모습을 보고 안타까운 마음에 그러한 내용을 정리한 팸플릿을 만드셨다고 한다.

그러면서 "불교 신도라면 매일 새벽 기도를 실행하여야 한다."고 강조하신다.

기도할 때는 삼귀의를 하고, 십중대계를 외우고, 천수경을 한 편 염송하고, 예불을 하여야 한다고 하신다. 집에 부처님을 모시지 않아도 일곱 번 절하는 예불을 올려야 한다. 그리고 금강경 사구게(四句偈)를 스물한 번 독송하고, 교주 석가모니불을 108번 부르고, 관세음보살을 1,000번 염불한 뒤 반야심경을 독송하고, 마음속으로 축원하되, 내 몸, 내 형제, 내 가정도 중요하지만 그보다 더 급한 것이 남북통일이므로 속히 이루어지도록 염원하라고 하신다. 그리고 부처님께 드리는 네 가지 큰 맹세인 사홍서원을 하고 참선(參禪)을 하라고 자상히 말씀하신다.

　불교 신도라면 최소한 매일 이런 수행을 하여야 한다고 강조하신다.

　여느 노스님 같으면 산중이거나 어디 조용한 안식처에서 몸과 마음 편안히 일신을 돌볼 터인데….
　그저 노스님 곁에만 있어도 마음이 푸근하여 천하를 얻은 듯한 행복감은 직접 친견하지 않고 어이 알랴.
　노스님께서는 L.A 수도사에서 많은 신도들에게 마음의 등불을 켜도록 격려하시고, 시드니 달마사에서 신도들에게 희망과 용기를 주시어 국내는 물론 외국에까지 인연 따라 다니며 부처님 말씀 전하기 여념이 없으시다.

　그리고는 이북 망나니들로부터 금강산을 되찾기 위해 발원하며 그 방법의 하나로 금강경 독송회를 만들어 금강경 독송하는 공덕으로 금강산을 되찾아 이 땅에 영원한 평화가 깃들도록 불보살의 가피가 있을 때까지 정진하여야 한다고 역설하신다. 금강경 독송회에서 독경할 금강경을 새로이 출간하여 지금 인쇄중에 있다고 하신다.
　이러고 보면 구순(九旬)의 노스님이 저토록 고구정녕 자비를 실현하시는 모습은 과히 보살이 아니고 어이 그럴 수 있으랴 싶어 한편 얼마나 기쁜 마음이 샘솟는지 헤아릴 수 없었다.

노스님과 필자의 인연은 깊은 편이다. 노스님께서 종정으로 계실 때 종정원이 해인사 극락전에 있었다. 그해에 해인사는 6·25 이후 새로 총림을 시작하여 율원이 극락전에 있었으므로 그때 필자는 율원생으로 노스님 슬하에 2년 동안이나 자비를 힘입고 살았다. 그때 노스님께서는 오후 불식을 하시었다. 철없는 필자는 노스님께 왜 오후 불식을 하느냐고 어리석게 물었다. 노스님은 빙그레 웃으며 부덕(不德)한 사람이 이름이나마 종정으로 있으니 내 한 사람 오후 불식하는 이 인연으로 한 사람이라도 더 부처님께 귀의하는 이가 있었으면 하는 뜻에서 오후 불식을 한다고 하시었다. 그때 젊은 나이의 필자에게 부처님 목소리처럼 닿았던 그 말씀 아직도 귀에 쟁쟁하다.

그렇듯 자비를 입으로만 하는 게 아니고 직접 몸소 실현하시는 노스님. 어느 날인가 겨울, 새벽 예불 뒤에 우물가에 나가니 노스님이 큼직한 주전자에 찬물을 가득 담아 들고 가시기에 그것을 받아들려고 하였다가 그 빙판 위에서 노스님은 주전자를 주지 않으려고 몇 바퀴 돌은 일이 있다. 그렇게 겸손하시고 자비하신 노스님. 그때나 지금이나 다를 바 없으신 모습으로 주처 없이 자비를 실현하는 일만이 노스님의 일인 듯하다.

이 같은 노스님의 중생제도를 향한 밝은 자비의 미소 속에서 이 땅의 중생들에게 밝은 빛을 비추시고 계시는 노스님은 오늘을 살아가는 현대인에게 뜨거운 가르침을 들려주시고 계신다.

두 시간 넘게 말씀하시면서 간곡히 당부하시는 것은 이 땅에 참된 평화를 이루기 위하여 부처님 제자들이 하여야 할 일이 너무나 막중하므로 부지런히 노력해 달라는 말씀이시다.

불교 신도들의 생활 규범을 위한 헌신적 발원과 금강경을 독송하자는 염원을 노스님으로부터 듣고 이런 신선한 충격을 온 누리에 다 울리도록 알리고픈 심정이었다.

노스님은 엄동설한인데도 불구하고 한 사람이라도 더 많은 중생을 교화하기 위해 여념이 없으시다.

특히 하루빨리 남북이 통일되어 이북 땅에도 부처님의 자비가 내리시길 기원하고 계신다.

그래서 금강경을 독송하라는 노스님의 큰 뜻을 듣고 가슴에 와 닿는 신선한 충격을 느낄 수가 있었다.

대각사 뜰을 나서니 겨울인데도 촉촉이 단비가 내리고 있었다. 2시간 남짓 필자에게 당부하신 말씀 하나하나가 큰스님의 자비심에서 우러나온 말씀이었다.

1987年 1月 1日
佛敎映像會報

고암대종사와의 대담

| 대담 : 박종세(TBC 방송주간) |

"윤고암 종정께서는 어렸을 때 출가를 하신 것으로 알고 있습니다만 몇 살 때입니까?"

古庵 "열일곱 살 들어서입니다. 시골 출생이 되어가지고서…."

"어디신가요?"

古庵 "거기가 파주 적성면입니다."

"네."

古庵 "어려서는 한문서당을 다녔는데 보통학교가 생긴 뒤 학

---

* 이 대담은 큰스님께서 조계종 종정으로 계실 때 박종세 동양방송(TBC-TV) 주간과의 부처님오신날 특별 대담입니다.

교를 다녔지요. 그 후 고학을 하기 위해 서울을 향해 떠났는데 결국 절로 발걸음이 들게 됐지요. 처음 들어간 절이 도봉산 망월사였었는데 그곳에 계신 스님들 말씀이 고학보다 부처님 곁에 있으면서 좋은 말씀도 듣고 하면 훌륭한 사람이 될 수 있다고 하였습니다. 그렇게 해서 행자생활을 하게 되었습니다. 그런데 마침 백용성 큰스님이 사동이라는 데서 법문을 하신다고 하여 가서 법문을 들었습니다.

 탐진치에 얽매여서 죄만 짓고 사는 것보다 본래의 마음을 찾아서 깨치게 되면 영원히 행복할 수가 있으며 또한 모든 것을 다 성취할 수가 있다고 하신 말씀을 듣고 비로소 발심하여 해인사에 들어가 승려가 되었습니다."

"네, 지금 탐 · 진 · 치 말씀을 하셨는데요. 탐내고 성내고 어리석음에 대해 간단히 말씀해 주시지요?"

古庵 "탐 · 진 · 치라고 하는 것은 독사와 같아서 물리기만 하면 독이 크다고 하여 삼독심이라고도 합니다. 이 삼독심으로 하여 온갖 죄악을 짓기 때문에 부처님이 말씀하시기를 삼학(계·정·혜)을 닦으라고 하셨으며 특히 삼독심 가운데 성질내는 것이 죄가 가장 크다고 하셨습니다. 그 이유는 성질이 나게 되면 그동안 쌓은 모든 공덕을 일거에 쓸어버리기 때문이라고 하였습니다. 훌륭한 사람이 되기 위해서는 이 삼독심을 가장 경계하라고 하셨습니다."

"네, 좋은 말씀이었습니다. 우리나라에 불교가 들어온 것이 고구려 때 아니겠습니까? 그때의 사회상이라고 할까 불교를 받아들이는 자세가 어떠했는지 들려주시죠."

古庵 "고구려는 중국과 국경을 접하고 있는 관계로 삼국 가운데 어느 곳보다 일찍 들어왔다고 생각합니다. 이불란사 등의 사원이 건립되었고, 아도화상의 전법 활동 등 하여간에 불교의 성행을 읽을 수 있습니다."

"네, 오늘날 우리는 정신적으로 모두 혁명을 가해야 한다, 또 정신적인 바탕을 더 튼튼히 하여야 한다는 말이 계속되고 있습니다. 이런 때 불교가 해야 될 일은 어떤 것이라고 생각하십니까?"

古庵 "우리 불교의 할 일은 부처님의 가르침대로 생활하는 것입니다. 비구는 비구로서의 생활로 도를 잘 닦아서 자신의 도가 원만히 찬 뒤에는 세상에 나아가 부처님의 가르침을 펴는 것이 마땅히 할 일이며 신도는 불교를 생활화하면서 외호하는 것입니다."

"네, 그런데 얼핏 생각할 때는 우리 절, 스님이나 불교 하면 현실하고 동떨어진 산중의 교다, 홀로 있는 교다, 이런 생각이 드는데 그런 면을 어떻게 생각하십니까?"

古庵 "원래 부처님께서는 처음 부처가 되신 후 인간이 모여 사는 대도시로 나오셨습니다. 그래서 세상 사람들과 가까이서 호흡을 같이 하시면서 그들로 하여금 고뇌를 여의고 해탈의 길을 가도록 가르침을 폈습니다. 인도와 중국을 거쳐 오면서도 언제나 인간과는 거리가 멀지 않았습니다. 그런데 차차로 내려오면서 아마도 사람들의 근기가 약해져서 도시 가까운 절에서는 수도하기가 어렵게 생각하는 경향인 데다 조선에 와서 왕조의 불교 탄압으로 박해를 피해 산중으로 들어간 후 오늘날까지 이어져 오고 있습니다.

요새로 치면 산중 불교라고 할 수 있고 또 그렇게 산중에서 근 오백 년이나 승려와 인간과의 사이가 멀어졌기 때문에 또 얼른 합이 안 되고 그래서 동떨어졌다고 말할 수도 있습니다. 그러나 동떨어진 것은 아닙니다. 우리 인간이 그대로 불교이며 불교가 그대로 인간입니다."

"요즘 와서 일부입니다만 남녀신도가 불교 교리를 공부하여 내가 깨닫는다는 것보다는 기복사상이라고 할까요? 그런 미신적인 면으로 흐른다는 말이 들리는데 스님께서는 어떻게 생각하십니까?"

古庵 "불교는 믿음을 바탕으로 하여 전개되는데 혹 병든 자는 병에서 나았으면 하고, 또 어려운 사람은 어서 어려움에서 벗어났으면 하며, 공부하는 사람은 공부를 잘하여 목적한 바를 성취

했으면 하고, 각기 자기의 요구하는 바가 있습니다. 그것을 성취하기 위해서는 부처님과 보살을 생각하고 부르거나 빌면 소원이 이루어진다. 그렇게 하면 자연히 마음이 깨끗해져서 행복의 길이 열릴 것이라는 것입니다. 조선시대에 와서 불교로 하여금 포교활동을 하지 못하게 탄압을 많이 했기 때문에 비밀리 사람들이 잘 안 보이는 절에 가서 산신과 칠성은 세상이 다 아는 바니까 거기에 공을 드리러 가서 절도 많이 하고 했던 것입니다. 그게 유행이 돼서 오늘날까지 내려오면서 산신, 칠성께 치성을 드리고 복을 탄다는 말이 생겼습니다.

세상 사람들을 모아놓고서 단번에 내 마음을 깨쳐서 나처럼 부처가 되라고 부처님이 설법을 한다면 그들의 귀에 이 말이 들어가지 않을 것입니다. 그러기에 비유를 들어 그대가 일을 잘하면 일을 잘한 만큼 내가 대가를 줄 것이다. 일하는 대로, 거름을 치는 대로, 네게 하루 얼마씩 줄 테니 하라 한다면 거기에 재미를 붙여 일을 하게 될 것입니다. 그렇게 해서 오래 하여 익숙해지면 출입이 무애라, 서로 차별이 없음을 인식할 즈음 반야영지를 일러주어 자기 마음 슬기로운 지혜를 알게 해주고, 마침내는 아주 모든 것을 다 전해주어 그대와 내가 마음자리는 조금도 틀리지 않고 같은 것이다. 내가 깨친 대로, 그대도 깨쳤으니 이제 그대도 부처가 되었다. 언제든지 중생을 교화해 감에 이러한 방편이 필요하다고 봅니다."

고암노사의 가르침

| 雪嶽霧山(신흥사 조실) |

此經甚深意 부처님의 깊고 깊은 가르침을
大衆心渴仰 대중은 목마르게 갈구하오니
唯願大法師 오직 원컨대 대법사께옵서는
廣爲衆生說 중생을 위해 널리 설해주소서.

 이 게송은 큰스님에게 설법해주기를 청할 때 하는 청법게다. 대중들은 법사가 법상에 올라가면 세 번 절하며 이 게송을 외운다. 고암(古庵) 노스님은 열반하실 때까지 대중이 설법해주기를 청하면 때와 장소를 불문하고 법상에 오르셨다. 많은 고승 중에 노스님처럼 법문을 많이 하신 분도 드물다. 따라서 노스님은 법상에 올라가서 수없이 이 게송을 듣고 예배를 받으셨다. 그런데 어느 해 노스님은 법상에 올라가는 대신 스스로 몸을 낮춰 손수 청법(請法)을 하신 일이 있다. 그것도 손상좌에게 예배를 하고 청법을 했다. 그 전말은 이러하다.
 말년의 노스님이 설악산 신흥사 조실로 주석하실 때의 일이다.

여름 안거가 끝나고 해제일이 됐다. 대중들은 머리를 깎고 목욕을 했다. 이제 노스님의 해제법문만 들으면 드디어 산문이 열린다. 도반도 만나고 좋은 산천도 구경하며 행각을 떠날 심산으로 들떠 있는 사람도 있었다.

사시(巳時)가 되자 근동에서 모여든 불자들은 해제법문을 들으려고 법당을 가득 메웠다. 대중들도 공부를 점검받기 위해 가사장삼을 입고 법당에 모였다. 드디어 노스님이 법당으로 들어오셨다. 그런데 어인 일인지 이날 노스님은 법상에 올라가지 않으셨다. 그 대신 주지인 성준(聲準)화상이 나서서 대중들에게 의외의 말을 전했다.

"오늘은 조실스님 대신 지오수좌가 상당해서 법문을 할 겁니다. 조실스님이 그렇게 하라고 명하셨습니다. 지오(知吾)수좌는 법상으로 올라가고, 병법(秉法)스님은 청법게를 하시기 바랍니다."

지오수좌는 나보다 한참 손아래인 사제다. 영민하기는 하지만 이제 겨우 나이 스물 몇, 이마에 삭도물이 채 덜 마른 풋중이었다. 아직 해행(解行)이 채 익지 않은 그에게 해제법문을 하라니, 그것도 조실스님 앞에서 하라니, 도대체 무슨 영문인지 몰라 법당 안은 가볍게 술렁거렸다. 그러나 조실스님의 하명이니 아무도 거역할 사람이 없었다.

지오 사제는 미리 귀띔을 받았던지 주지이자 은사인 성준화상의 명대로 법상에 올랐다. 병법스님이 목탁을 치며 장중한 목소리로 청법게를 선창했다. 노스님은 반쯤 눈을 감고 대중과 함께 지극하게 몸을 낮춰 절을 하며 청법게를 했다. 노스님이 어떤 분인가. 종단의 최고 어른인 종정(宗正)을 세 차례나 역임하신 큰스님이시다. 그분이 다른 사람도 아닌 손상좌를 법상에 올려놓고 예배를 하다니, 대중들은 그 속내가 자못 궁금했다. 저 친구가 종비생(宗費生)으로 선발돼 대학에 다니더니 갑자기 일문천오(一聞千悟)라도 했단 말인가.

"오늘은 칠월백중 우란분절입니다. 우란분(盂蘭盆)이란 한문으로 번역하면 '구도현(救倒懸)'이라 하는데 이는 거꾸로 매달린 것을 구제하는 날이라는 뜻입니다. 대저 우리가 삼악도에 빠져 거꾸로 매달린 고통에서 벗어나지 못하는 것은 탐진치(貪瞋癡) 삼독을 소멸하지 못하기 때문입니다. 삼독은 온갖 악행을 저지르게 합니다. 그 과보로 거꾸로 매달리는 과보에 떨어지는 것입니다. 부처님은 여기에서 벗어나려면 계정혜(戒定慧) 삼학을 닦아야 한다고 가르쳤습니다. 계란 덕을 담는 그릇과 같으니 계기(戒器)요, 정이란 산란한 마음을 고요한 물처럼 가라앉게 하니 정수(定水)요, 혜란 그 물에 비친 달빛과 같으니 혜월(慧月)이라 합니다. 즉 바른 덕행을 닦아야 물이 고요하고 지혜가 빛난다는 것입니다. 바른 덕행이란 무엇인가 하면…."

법상에 오른 사제는 벌건 얼굴로 떠듬떠듬 법문을 이어갔다. 법당 안은 엄숙하다 못해 숙연한 분위기였다. 법사는 말 한 마디 한 마디를 조심했고, 대중은 금과옥조인 듯 그 한 마디를 놓치지 않고 들었다. 마치 부처님께서 사리불에게 법문을 시키고 뒤에서 듣던 영산회상의 어떤 장면을 연상케 했다.

법문이 끝났다. 눈을 감고 손상좌의 법문을 듣던 노스님은 흡

족한 얼굴로 자리에서 일어났다. 그리고 일척안(一隻眼) 같은 '한 말씀'을 덧붙였다.

"오늘 지오수좌는 참으로 훌륭한 법문을 했습니다. 한 마디 한 마디에 부처님 법문의 골수가 다 들어 있습니다. 그러나 탐진치 삼독은 말로만 소멸되는 것이 아닙니다. 미생악령불생(未生惡令不生)하고 이생악령영단(已生惡令永斷)하며, 미생선령필생(未生善令必生)하고 이생선령증장(已生善令增長)이라, 아직 생기지 않은 악은 생기지 않도록 하고, 이미 생긴 악은 영원히 끊어야 합니다. 아직 생기지 않은 선은 반드시 생기도록 해야 하고, 이미 생긴 선은 더욱 증장해야 합니다. 이렇게 사정근(四正勤)을 열심히 닦아 자기를 간수할 줄 알아야 미륜에서 벗어나게 됩니다. 그래야 중노릇을 잘 하고 시주의 밥값도 갚을 수 있습니다."

대중들은 그제야 노스님의 뜻을 알아챘다. 그날 노스님이 대중에게 해주고 싶었던 말씀은 지오 사제 같은 풋중도 얼마든지 훌륭한 법문을 할 수 있다는 것, 그것은 불법이 이미 우리 자신 속에 구족해 있기 때문이라는 것, 그러나 그것을 행으로 옮기지 않으면 중생으로 살게 된다는 것, 그러니 이제부터라도 부처님 가르침대로 본래 부처의 삶을 살라는 것이었다. 스님은 이 말씀을 온몸으로 들려주시려고 손상좌에게 절을 하고 청법을 하신 것이었다. 아, 생각할수록 얼마나 간절한 법문인가. 얼마나 지극한 자비인가.

그로부터 40여 년의 세월이 흘러갔다. 이제 낙승(落僧)도 어느덧 등뼈가 휘고 눈이 멀고 이도 다 빠져 죽을 날만 기다리는 신세가 되었다. 몇 해 전에는 나도 노스님의 옛일을 떠올리며 도후(度吼) 사제를 법상에 모셔놓고 청법게를 읊조리며 법문을 청해 들은 적이 있다. 그날 사제의 법문을 들으니 한 마디도 틀린 바가 없었다. 그때 나는 그동안 어떤 중노릇을 했는가를 생각하고 등줄기로 땀을 서 말이나 흘린 바 있다. 새삼 노스님이 그 옛날 일러준 법문이 새로웠다. 어찌 그 은혜에 감사하지 않을 수 있겠는가. 옛 사람들은 스승의 가없는 은혜에 대해 게송을 지어 찬탄하고 합장했다. 나도 노래 하나를 지어 노스님이 베푼 자비에 갚음하고자 한다.

> 추석달이 떠오르면 조개는 숨을 죽이고
> 물 위로 떠올라서 입을 쫙 벌리고서
> 달빛만 받아들인다. 속살을 다 내어 보이고.
>
> ─ 拙詩, '오늘의 낙죽(烙竹)'

14

序

正本首楞嚴經 刊行序

　　觀夫此經은 融眞俗하며 超生死하야 直到彼岸하는 至玄至妙의 信解修證之寶典이니 云何是信解修證고 瑜伽에 云哀愍般若하야 堅持戒律曰信이요 博問般若하야 明辨節條曰解니

　　有信缺解하면 增長無明이요 有解缺信하면 增長邪見하나니 斯學之大病이요 信解가 具足하야사 方爲修行基本하나니 然後에 觀照般若하야 不失時候曰修니 當無爲則行無爲하고 當有爲則行有爲하야사 是眞修行이요 培養般若하야 結成摩尼曰證이다.

　　求證果者는 先以涅般妙心으로 爲菩提因하고 時來時煉하야 積而又積하사야 方得涅般妙心하나니 始也에 頓悟無生滅底涅槃妙心이 本來自有하야사 方名眞正信解니 卽可以返觀內照하야 如法修證하라 하셨으니 我曹는 捲捲服膺而莫失이어다.

　　經에 云하시되 攝心爲戒하면 因戒生定하고 因定發慧하나니 是

則名爲三無漏學이라 하시니 乃知戒定慧三者가 俱暢하야사 圓成妙果하나니 此是諸佛菩薩의 古今에 同一不二之大道也시니라.

　此經則唐西波羅密諦의 初譯이 仔詳하시나 其後에 不空의 重整이 尤爲明白커신마는 不幸히 被嫌하사 未布코 施歸하사 爲諸後學 深憾이 久矣요

　密諦譯本이 廣布多年에 註疏者가 十餘家에 戒環이 爲最하시나 其後에 普幻의 刪補가 尤爲明白커신마는 五百年間에 僅保卷存이러니 至于開雲하사 特受別傳하사 隱居密行하사 得道之後에 奉此不空譯本하시고 收其普幻刪補와 諸德語錄하사 合編成稿하시고 咐囑百年後學하사 刊行修持케 하셨으니 可謂度自度他로 爲己任하신 當世에 一大法施主也로다.

　此師가 棲身於此經하시고 遺德於後學하시고 開化衆生於盡未來際호려하사 宣布無漏大光明燈於迷惑世界하셨다. 此師가 又恐淺見薄識之人이 不信根由하고 空發誹謗하야 墮於罪網일가하사 不惜法力하시고 留其難狀異跡하사 以顯此經無量功德中에 些小妙能하사 令諸後學으로 見而信之하고 慕而修之케 하셨으니 非眞慈悲시면 孰能勸發於無窮이 如是耶아

　我於文字上에 或見瑜伽心印錄名이나 未見其書하야 讀此經時에 恨無析竹秉燭的注解하야 祈願瑜伽之東漸이러니 幸得開雲和尙의 所抄이신 不空譯整의 正本首楞嚴將刊原稿하야 手接目睹

하니 幸莫大焉이로다.

刊行畢功則 佛祖之大化는 自是益昌이요. 我曹之深憾도 從此亦盡하리로다. 後之讀此經하야 悟此法而修道者는 先當嚴持戒律하야 堅造淨階하고 由階陞堂하고 由堂入室하야 湛坐實際中道妙床하야 無爲而 無不爲則 法界衆生 自勸自勉하야 同成菩提하고 同登彼岸하리니 豈不大快며 豈不長樂耶아.

譬如阿伽陀藥이 能治萬病하야 起死回生인 닷하니 此經法力도 亦復如是하야 必於後學에 永爲大補 無窮云爾로다.

瑜伽에云 此經은 全是修煉金剛般若波羅密多之總訣이시니 金剛은 法義요 般若는 法體요 波羅密은 法用이니 有爲無爲와 成始成終底許多妙功이 難然俱備나 非明眼人이면 難可實悟라 하시고 曹溪訣에 云世人이 身外覓佛하고 向外求經하야 不發內心하며 不持內經할새 故造此訣하야 令諸學者로 持內心經하야 了然自見淸淨佛性케하노라.

又云經者는 是成佛經路니 欲進此路인댄 應當內修般若行하야사 以至究竟이라 하시니 般若行般若行이여 九天日月은 開昌運하고 萬里風雲이 起壯圖로다.
云何是般若行고 祖師가 不肯分明說하시니 何故也오 說得分明하시면 笑殺人하리라 若能修此般若行하면 乃知此身이 不虛死不空凶하리로다. 又云口能讀誦하나 心不依行하면 自心에 無

經이요 實見實行하야사 自心에 有經이라 하시니

　我曹가 同發無上大菩提心하야 欲入於首方楞嚴王 不可思議 解脫三昧인댄 捨此寶典코선 無可奈何로다 深感千載 難遇之懷하야 心發大願하야 仰讚此經無量功德하시옵고 普與道伴으로 同種善根하야 續佛慧命하사와 廣度衆生하야지이다. 深願如是하니 仰惟三寶慈尊은 許垂朗鑑하소서.

世尊應化 2517(1972)年

정본수능엄경 간행서 번역

곰곰이 생각해 보면 이 경은 진속을 융합하고 나고 죽음을 초월하여 바로 피안에 이르게 하는 지극히 현묘한 신해수증(信解修證)의 보전(寶典)이다. 어떤 것이 신·해·수·증인가. 『유가경(瑜伽經)』에 이르기를 반야지혜를 소중히 여겨 계율을 잘 지니는 것이 신(信)이요, 반야를 두루 물어서 장절조목(章節條目)을 밝게 가리는 것이 해(解)다.

만일 신(信)은 있는데 해가 없으면 무명(無明)이 자라고, 해(解)는 있는데 신(信)이 없으면 삿된 견해만 자라게 된다. 이것은 배우는 이에게 큰 고질병이다. 신과 해가 구족해야만 바야흐로 수행의 기본이 되나니, 반야를 관조(觀照)하여 때를 놓치지 않음이 수(修)라 하고, 무위를 당하면 무위를 행하고, 유위를 당하면 유위를 행함이 참 수행이라. 반야를 북돋아 길러 마니(摩尼)를 결성(結成)함을 일러 증(證)이라 한다.

증과(證果)를 구하는 자가 먼저 열반묘심(涅槃妙心)으로 깨달을 인을 심고 때때로 수련하고 쌓고 또 쌓아서 바야흐로 열반묘과를 얻나니 비로소 단박에 깨달을 것 같으면 생멸이 없는 열반묘심이 본래 자유자재함이니 바야흐로 진정 신해(信解)라. 가히 돌이켜 내면을 반조(返照)하여야 법다운 수증이라 하셨으니 우리는 힘써 지녀 잊지 말아야 될 것이다.

경(首楞嚴經)에 말씀하시길, '마음을 섭(攝)하는 것으로 계(戒)를 삼고, 계를 인하여 정(定)을 생하며, 정을 인하여 혜(慧)를 내나니 이것을 일러 삼무루학(三無漏學)이라 한다.' 하셨다. 이에 계·정·혜 셋이 널리 발휘하여야 묘과(妙果)를 원만히 성취할 수 있으니 이는 모든 부처님과 보살들의 고금에 동일한 불이(不二)의 대도(大道)인 것이다.

이 경은 당나라 때 서천축 바라밀제(波羅密諦)의 초역(初譯)이 자상(仔詳)한 편이나 그 후에 불공(不空)의 거듭 잘 정리한 번역이 더욱 명백하지만 불행히도 의심하기에 반포하지 못하고 후학들에게 안타까운 마음만 오래 갖게 하였다.

바라밀제의 번역본이 널리 반포되기 여러 해 동안 주석을 붙이고 소(疏)를 쓴 이가 많았지만 그 가운데 계환(戒環)을 으뜸으로 친다. 그 뒤 보환(普幻)이 다듬고 보태어 더욱 (종지가) 분명히 드러냈으나, 5백 년간에 겨우 몇 권만이 전해 내려올 뿐이었는데, 개운(開運)에 이르러 특별히 별전(別傳)을 받아 은거하고 은밀히 행하다가 도를 얻은 뒤에, 이 불공의 번역본을 모본으로 삼고 보환의 산보(刪補)와 모든 대덕들의 어록들을 수집하여 합편(合編)을 내게 되었다. 백 년 뒤에 올 후학들에게 부촉하여 간행케 하고 수지(修持)하게 하셨으니, 가히 자타를 함께 제도하는 것으로 자기의 소임을 삼으신 당대의 가장 법보시라 하겠다.

선사께서는 자신을 온통 이 경전에 바쳤으며 덕을 후학들에게 남기시고 미래세가 다할 때까지 중생들을 개화하고자 하여 미혹한 세계를 위하여 샘이 없는 크나큰 광명을 선포하신 것이다. 선사께서는 또한 의심하건대 견해가 얕고 잘 모르는 사람들은 근본적 원인은 믿지 않고 괜히 비방하여 죄업의 그물에 떨어질까 하여 법력(法力)을 아끼지 않으시고 어려운 이적(異跡)들을 나타냄으

로써 이 경의 한량없는 공덕 가운데에 아주 작은 묘능(妙能)을 밝혀 모든 후학들로 하여금 눈으로 직접 보아 믿게 하고 뒤를 따라 수행하게 하셨으니, 참으로 진정한 자비가 아니라면 누가 능히 이처럼 끊임없이 권발(勸發)함을 이와 같이 하겠는가.

여기 문자상에 혹 유가심인록(瑜伽心印錄) 이름을 본 듯하나 아직 그 책을 보지 못해 이 경을 읽을 때에, 대나무를 쪼개듯 촛불을 잡은 듯 분명한 주해가 없었음을 안타깝게 여겨서 늘 유가(瑜伽)의 동점(東漸)을 기원하였더니 다행히 개운화상의 초(抄)와 불공(不空) 번역본인 정본수능엄경(正本首楞嚴經)을 장차 간행할 원고를 입수하여 손수 접하여 보니, 더할 수 없는 다행한 일이다.

간행이 완성되면 불조의 크나큰 교화가 이로부터 더욱 번창할 것이요, 우리의 깊은 감회도 이로부터 또한 다할 것이다. 뒤에 이 경전을 봉독하고 법을 깨달아 도를 닦는 자는 먼저 마땅히 계율을 엄정히 지니고 청정한 계단(階段)을 견고히 하고, 청정 계단(階段)으로 말미암아 승당(陞堂)에 오르고, 승당(陞堂)을 말미암아 입실하여 실제중도(實際中道)의 법의 자리에 앉아서 함이 없건만 함 없음도 없으니 법계의 중생이 스스로 권하고 스스로 권면하여 함께 모두 보리과를 이루고 모두 함께 피안에 오르니 어찌 유쾌하지 않으며 어찌 영원히 즐겁지 않겠는가.

비유하자면 아가다약(阿伽陀藥)이 능히 온갖 병을 다스려 기사회생하게 하는 것과 같이 이 경의 법력도 그래서 반드시 후학들에게 길이 큰 도움 될 것이 무궁하다고 말할 수 있음이로다.

『유가경(瑜伽經)』에 이르기를, '이 경은 전체가 금강반야바라밀다(金剛般若波羅蜜多)를 수련(修鍊)한 총결이니 금강은 법의 의취(義趣)요, 반야는 법의 본체며, 바라밀다는 법의 작용이니, 유위(有爲) 무위(無爲)와 처음부터 끝까지의 허다한 묘공(妙功)이 어렵게 갖추어져 있으나 명안종사가 아니면 실제 깨닫기 어렵다.' 하였다. 조계결(曹溪訣)에 이르기를 '세상 사람들이 몸을 떠나 부처를 찾고, 밖을 향하여 경을 구하며, 안으로 마음을 일으키지 않고, 안으로 경을 지니지 않는다. 그러므로 이 결(訣)을 지어 모든 학자들로 하여금 안으로 마음의 경전을 지녀서 청정한 불성(佛性)을 스스로 보게 하노라.' 하였다.

또 '경이란 성불의 지름길이니 이 길로 나아가고자 한다면 응당히 안으로 반야 행을 닦아야만 궁극적인 경지에 도달한다.' 하였다.

  반야행 반야행이여!
  구천(九天)의 일월은 창운(昌運)을 열고,
  만리풍운(萬里風雲)이 큰 뜻을 일으키도다.

무엇을 반야행이라 하는가. 조사가 분명히 설하기를 꺼려하시니 왜 그러한가. 설함이 만일 분명하다면 사람들이 웃으리라. 만일 능히 반야행을 닦으면 이 몸이 헛되이 죽거나 부질없지 않을 것이다.

또 한 마디 이끌어 보자. 또 이르기를, '입으로 독송하나 마음으로 의지하여 행하지 않으면 내 마음에 경이 없음이요, 실로 보고 실로 행하여야만 내 마음에 경이 있는 것이다.'라 하였다.

우리가 함께 위없는 대보리심을 발하여 수능엄왕의 불가사의한 해탈삼매(解脫三昧)에 들고자 한다면 이 보배 경을 버리고 달리 어떻게 하겠는가.

천년이 지나도 만나기 어려워 깊이 감사하고 마음으로 대원을 일으키어 우러러 무량한 공덕을 찬탄하고 널리 도반들과 더불어 같은 선근을 닦아 부처님 혜명을 이어 광도 중생하여지이다. 깊은 원력이 이와 같으니 우러러 바라옵건대 삼보자존(三寶慈尊)께서는 자비를 드리우고 밝게 비추소서.

世尊應化 2517(1972)年

香峰禪師 隨筆集 序文

香峰禪師는 余之竹馬故友인 知己다. 自少至老의 그 一生을 보건대 마치 淡泊한 狹林鶴步와도 彷彿히 純潔한 生涯였다.

師는 原來로 性好山水의 天稟으로서 世俗엔 無心이었으나 鄕里 華山精舍에서 奉親侍湯을 떠날 수 없는 單身 長男이었다.

四十年前에 親喪을 當하여 光山에 安葬한 後 地方居甲인 良田廣宅은 棄之不顧하고 曹溪山에 住錫하고 있던 金剛山 無化子 石頭禪師께 入室하여 弟子가 되니 香峰은 그의 堂號다.

其 先親의 小大齊는 松廣寺 道場에서 精進中 修行하였다. 話頭決擇은 入室 十餘年前 庚午 夏에 滿空스님이 祖室로 계신 德崇山 金仙臺에서였다.

長座 冬夏制外의 春秋散節에는 巡參名山하고 그 所感을 題之畵之到處 有請則序之偈之等을 하여 隨筆七卷을 松廣寺 圖書館에 所藏하였던 바 數次 門人들이 刊行하려는 것을 戒之曰汝等은 精進보다 더 바쁜 것이 무엇이 있는가 하며 嚴斷이었다.

在家佛子 受戒居士들이 協力하여 松廣寺 圖書館長을 通하여

그 刊行을 漢城平和堂印刷所에서 着手한 바 欲罷不得의 事機에 놓였음을 聞코 嘆曰 事已至此니 其 散稿名稱 및 載順은 不變 그 樣으로 하라는 一諾에 歡喜滿顏의 上足들이 示余原稿를 閱覽하니 無非金聲玉音이며 그 翻譯은 老年 老退校長 海帆居士였고 英譯은 釋慧明首座였다. 이는 名山道場의 指針으로서 諸佛子는 必讀의 一卷寶著다. 玆에 蕪辭一言을 如右略述.

                                        佛紀 2523(1979)年 菊秋

신편팔상록 서

　불법문중에 가장 큰 문이 있으니 그는 곧 무문(無門)이요, 묘법지중에 실상지상이 있으니 이는 다름 아닌 무상(無相)이다. 상 없는 가운데 상을 나투니 이것이 참된 상이요, 문 없는 가운데 문을 두었으니 이것이 곧 대도지문이다.
　그러므로 석가세존께서 법신을 의거하여 화신을 나투셨으니 이것이 곧 팔상이다.
　선혜보살이 하계중생의 고통받음을 측은히 여기사 육아백상을 명하야 마야부인의 태중에 드시니 이는 곧 도솔내의상이요, 십삭이 차매 화창한 봄날 룸비니원에서 마야부인의 우협으로 탄생하시니 이는 곧 비람강생상이며, 늙고 병들고 죽어가며 수도하는 모습을 보시고 세상의 무상한 이치를 살피셨으니 이를 일러 사문유관상이요, 작병천자의 경고를 받으시고 이월 팔야에 성을 넘어 설산으로 향하셨으니 이는 곧 유성출가상이다.
　설산에서 육 년간 고행하심은 설산수도상이요, 삼매로부터 일어나 다시 좌정하시고 팔십억의 마군중을 항복받으시니 이를 일러 수하항마상이며, 대도를 성취한 뒤 처음으로 녹야원에서 사제의 법문을 굴리시니 이는 녹원전법상이요, 사십구 년간에 팔만법장을 설시하시고 구시나가라성의 사라쌍림에 나아가 열반에 드시니 이는 곧 쌍림열반상이다. 도솔내의상으로부터 쌍림열반상에 이르기까지 이 모두가 오직 중생을 위한 것밖에 다른 것이 아니다.

인생의 몸을 얻기도 어렵거니와 불법을 만나기는 더욱더 어려운 것이다. 마침 화엄사에서 예수재를 봉행하는 차제에 팔상록을 인간(印刊)하게 되니 이는 불법에 들어 학불하는 최초의 문인 동시에 최후의 보루를 일체중생에게 설시함이며 더없는 큰 기쁨이 아닐 수 없다.

재주 없음을 헤아리지 아니하고 부처님의 청정무변지혜에 애오라지 한 선재라. 팔상록이여! 성불의 묘약이로다. 점의 먹물을 가하는 격이라. 이에 이와 같이 서하노니 만나기 어려운 불법을 만난 기쁨을 온 불자가 함께 나눔이 옳고 옳을 것이다.

頌曰

　　善哉八相錄이여
　　成佛之妙藥이로다.
　　卽今增福慧요
　　當來往淨刹이로다.

훌륭하구나 팔상록이여!
성불하는 묘약에 다름 아니구나.
현금에는 복덕과 지혜를 더할 것이요
당래에는 필연코 미타찰에 왕생하리로다.

佛紀 2526(1982)年

15

古庵宗正時 宗團秩

🙇 총무원장

3대, 4대, 6대 종정시 총무원장	영암(映岩)스님
	청담(靑潭)스님
	석주(昔珠)스님
	경산(慶山)스님
	자운(慈雲)스님

海印叢林方丈 龍象

申亥(1971)年 夏安居

方丈　古庵스님
住持　智冠스님
教務　明振스님
財務　普光스님
都察　東運스님
院主　大運스님
會計　法運스님
書記　正林스님, 法燈스님
農監　時玄스님, 太悟스님
藏主　雲梵스님, 性浩스님, 一輪스님
維那　指月스님
立繩　達山스님, 榮佑스님
禪德　慈雲盛祐스님, 暎岩任性스님
禪伯　曉性스님, 昔鏡스님, 情翁스님, 慧峰스님
悅衆　無不스님
掃地　道輪스님, 晚悟스님, 法鏡스님, 慈度스님
　　　慧長스님, 明心스님, 大德스님, 鍾明스님
　　　寶雲사미, 法源스님
寶藏殿　青雲스님
庫頭　圓光스님

院主　眞觀스님

浴頭　一法스님, 宗和스님

寮主　曉光스님,

看病　寬厚스님, 梵舟스님, 明彦스님

火台　性旭스님, 無量스님, 法觀스님
　　　先覺스님, 寶月스님

講主　宗眞스님

副講　弘敎스님

爐殿　至淨스님

持殿　正覺스님, 性大스님, 宗峯스님, 圓慧스님
　　　再門사미, 寶日스님, 明信사미

茶角　獅鳴스님, 大越사미, 學星스님

水頭　性安스님

察衆　道靜스님, 德照스님

淨頭　泰觀스님, 鏡禪스님, 頓然스님, 賢眞스님
　　　法明스님, 禪見스님

地藏　性範스님, 淨佑스님, 宗映스님, 元學스님
　　　南賢스님, 度顯스님

扶殿　宗旭스님, 鏡圓스님, 東安스님, 正允스님
　　　淨佑스님, 宗映스님, 元學스님, 南賢스님
　　　慧仁스님

侍者　堅固사미, 海融스님, 相現스님, 性復스님
　　　慈光사미, 仁行사미, 本空스님, 正眼사미

　　　　　　賢首사미, 眞覺사미, 圓因사미, 性雲스님

　　　　　　寶陀사미

　　　運動部　普慧스님

　　　解脫門　道慧스님

　　　明灯　宗弘사미, 德雲사미, 永照스님, 圓悟스님

　　　知客　明輪스님

🧘 小林院

　　　律主　日陀스님

　　　　　　秀山스님(연구원), 雲山스님(연구원)

　　　　　　巨海스님(연구원), 玄虎스님

　　　營善　洪重洽 行者

　　　夜巡　李善福 處士, 大顯 處士

　　　供司　李相重 行者, 俞桂善 行者, 金泰勳 行者

　　　茶供　李官澈, 朴大錫 行者, 朴鍾太 行者

　　　　　　尹相洙 行者, 朴明淳 行者, 尹洪根 行者

　　　　　　金己軍 行者, 陳日勳 行者, 普元沙彌

　　　　　　泰榮沙彌, 圓印沙彌

　　　化主　林大道行 菩薩, 徐大德華 菩薩

　　　　　　河本然性 菩薩

庚戌(1972)年 冬安居　方丈　古庵歡山스님

　　　　　　　　　　禪德　慈雲成祐스님, 暎岩任性스님, 智曉스님

　　　　　　　　　　　　　達山스님, 日陀堆雪스님

　　　　　　　　　　禪伯　雲山스님, 聖仁스님

　　　　　　　　　　律主　日陀스님

　　　　　　　　　　住持　智冠스님

　　　　　　　　　　維那　指月炳安스님

　　　　　　　　　　講主　宗眞스님

　　　　　　　　　　總務　賢山스님

　　　　　　　　　　敎務　明振스님

　　　　　　　　　　財務　普光스님

　　　　　　　　　　立繩　其山스님

　　　　　　　　　　仲講　弘敎스님, 榮祐스님

　　　　　　　　　　爐殿　慧印스님

　　　　　　　　　　察衆　性範스님

　　　　　　　　　　扶殿　庸德스님, 麟潭스님, 大聖스님, 圓珍스님

16

碑文

고암대종사 비문

傳佛心燈 扶宗樹敎 摠領僧風 曹溪宗正 古庵堂 祥彦大宗師 塔碑

鏡中之影이요 水中之月이라 雲過山頭하니 獅子出窟이로다. 큰스님의 俗名은 志豪며 法名은 祥彦이요 法號는 古庵 自號는 歡山이시다. 檀紀 四二三二 己亥年 十月 五日 京畿道 坡州郡 積城面 食峴里에서 父 楊州尹公 炆과 母 河東鄭氏의 三子로 示生하니 幼時에 漢學을 通達하였고 丁巳年 十九歲에 發心 出家하여 海印寺 霽山和尙에게 得度하였다.

壬戌年에 受具하시고 癸亥年에 大敎를 修了한 다음 捨敎入禪하실 새 金剛 五臺 妙香 智異 等 諸大名山에 行脚하여 慧月 滿空 龍城 漢岩 等 當代 善知識을 親近 得旨하고 頌曰

禪定三昧는 壺中日月이요

凉風吹來하니 胸中無事라.

戊寅年 四十歲時 龍城和尙前에 拈香嗣法하니 不落十種病은 但行劍上路라 하고 拈花微笑消息은 獅于窟中無異獸라 風動幡動意旨는 天高地厚라 하고 家風은 拄杖三下라 하니 於是에 和尙이 印可하되 善哉라. 古庵이여 萬古風月이로다. 하시고
傳法偈 曰

佛祖元不會요 掉頭吾不知로다
雲門胡餠團이며 鎭州蘿蔔長이라.

自此로 名聲이 天下에 遍滿하며 宗說을 兼通하고 理事에 無碍하니 諸方이 祖室로 推戴 衲子를 提接하였다.
丁未年 六十九歲에 宗團의 重望으로 曹溪宗 宗正에 擁立되고 海印叢林方丈에 就任하니 스님의 德化는 果然 天不能蓋하고 地不能載라. 千佛大戒로 天雨四華하니 法海滿天에 諄諄慈悲와 切切之心은 億千衆生을 感化하였다.

八十 高齡이 되시어도 老益壯하시어 東西世界를 一週하며 甘露法雨를 뿌려 世界一花를 現瑞하였고 大韓民國 國政諮問委員에 推戴되시었다. 스님의 一生은 天眞無垢하고 無欲淸淨하셨으며 溫良恭謙하고 柔和善順하며 忍辱下心하고 勤

儉精進하니 霜松潔操와 水月虛襟으로 福國佑世하신 大善知
識이시다.

　스님은 日常에 金屑이 雖貴나 落眼則病이라 하고 守本眞
心이 勝念十方諸佛이라 하며 心淨則國土淨이라는 平凡한 法
門을 茶飯話로 하셨다.
　四三二一年 戊辰 九月 十五日 큰스님의 世壽 九十에 이르
러 門徒들을 불러 놓고 後事를 付囑하시고

　良久 怡然入寂하시니 天地가 暗然하고 草木이 悲泣이라.
擧宗이 痛悼하고 宗團葬으로 闍維하니 五色舍利가 燦然無
數하였다.
　門徒 七十餘人이 塔鎭海印西麓하며 門姪 性徹 宗正이

　銘曰

　　伽倻月白 紅流水激 珍禽亂鳴 異獸闊步
　　慈悲無限 化被九州 持戒淸淨 卓出三韓
　　重任宗正 四衆瞻仰 一生傳戒 萬人奉行
　　星飛斗牛 光呑大千 古之今之 誰敢追隨
　　忽來忽去 須彌卓卓 一嚬一笑 蒼海茫茫
　　擧手投足 天高地厚 開口吐辭 霞奔電擊

崑崙頂上 獨足立
瑞雲滿空 放五色

佛紀 2533年 己巳 月 日
後學比丘 東谷日陀 撰
菁南居士 吳濟峰 書

거울 속에 그림자요 물 가운데 달이라. 구름이 산마루를 지나가니 사자가 굴에서 나옴이로다.

큰스님의 법명은 상언이요, 속명은 지호이고, 법호는 고암당이며, 자호는 환산이라 하시었다. 단기 4232년 기해년 10월 5일에 경기도 파주군 적성면 식현리에서 아버지 양주윤공 문(炆)과 어머니 하동정 씨의 셋째 아들로 태어나시니 어릴 때에는 한학을 통달하였고, 정사년 열아홉 살에 발심 출가하시어 해인사 제산대종사님께 득도하였다.

임술년에 구족계를 받으시고 계해년에 대교과를 수료하신 다음 교학을 놓고 참선에 들어가시어 금강산·오대산·묘향산·지리산 등 여러 명산대찰을 찾아다니시면서, 혜월스님·만공스님·용성스님·한암스님 등 당대의 선지식을 친견하여 종지를 얻으시고 송하시되,

선정삼매는 단지 속에 일월이요

시원한 바람 부니 가슴 속에는 일 없음이라.

무인년 40세에 용성스님에게 향을 사르고 법을 이으니 열 가지 병에 떨어지지 않으려면 "오직 칼날 위로 걷습니다."라고 답하였고, 염화미소의 소식은 "사자 굴속에 다른 짐승이 없습니다."라고 하였으며, 바람이 움직이는가? 깃발이 움직이는가?라는 뜻에 대하여 "하늘은 높고 땅은 두텁습니다."라 하고, "가풍은 주장자 삼하(三下 : 법상을 세 번 내리치는 짓)"라 하니, 이때에 용성스님이 인가 하시면서 "선재라 고암이여! 만고풍월이로다." 하시고
전법게를 내리셨으니,

　　부처 조사도 원래 알지 못함이요
　　나도 오직 모를 뿐
　　운문의 호떡은 둥글고
　　진주의 무는 길다네.

이로부터 명성은 천하에 두루하였으며 종통(宗通)과 설통(說通)을 통달하시고, 이사(理事)에 걸림 없으니 제방(諸方)에서 조실로 추대함에 청풍 납자들을 맞아 이끌어 주었다.
정미년 69세가 되시던 해 종단에서 거듭되는 바람으로 조계종 종정에 옹립되고 해인총림의 방장으로 모시게 되니 스님의 덕화는 과연 하늘이 능히 덮지 못하고 땅이 능히 싣지 못함이라. 천불의 대계로 사방에 꽃비를 내리시니 법 바다가 하늘에 가득함에

자상함과 자비가 절절한 마음은 억천중생들이 감화되었다.

　80세의 고령이 되시어도 노익장하시어 동서세계를 일주하시면서 감로법문을 뿌리시어 세계일화(世界一花) 상서를 나투시니, 나라에서는 큰스님을 국정자문위원으로 추대하시었다. 스님의 일생은 천진무구하시고 무욕청정하셨으며 따뜻하고 겸손하고 부드럽고 순리를 따르시며 인욕 하심(下心)하시고 근검하시며 늘 정진하시니, 엄하고 올곧은 지조와 맑고 밝은 본심으로 나라를 복되게 도우신 세상의 대선지식이시다.

　스님께서는 늘 "비록 금가루가 귀하다지만 눈에 들어가면 병이 되느니라." 하시고, "참된 마음을 지키는 것이 시방세계 부처님을 생각하는 것보다 나으니라." 하시며, "마음이 청정하면 국토가 청정하느니라." 하는 평범한 법문을 언제나 하셨다.
　4321(무진)년 9월 15일 큰스님의 세수 90세에 이르러 문도들을 불러놓고 후사를 부촉하시고,

　양구하시고 편안히 입적하시니, 하늘과 땅이 캄캄하고 산천초목도 슬퍼하였다. 온 종단이 애도하고 종단장으로 다비를 모시니 오색사리가 무수하게 찬연하였다.
　문도들 70여 명이 해인사 서록에 탑을 세워 봉안하며 문도되시는 성철 종정이 銘해 이르기를

가야에 달이 밝고 홍류에 물결치니
진기한 새 지저귀며 울고 짐승들은 활보하도다.
자비가 한없으니 교화가 구주를 덮고
계율이 청정하니 삼한에 뛰어났도다.
거듭 종정을 맡으니 사부대중이 우러러보고
일생토록 계율을 전하니 만인이 받들어 행하는도다.
별들은 하늘 위에서 날고 빛은 대천세계를 삼키니
옛날이나 이제나 누가 감히 따르리오.
홀연히 왔다가 홀연히 감이여, 수미산같이 높고 높도다.
한 번 찡그리고 한 번 웃음이여, 푸른 바다 아득하도다.
손을 들고 발길 옮김이여, 하늘은 높고 땅은 두터우며
입을 열어 한 말씀에 뇌성이 번쩍이네.

곤륜산 정상에 홀로 우뚝 서셨으니
상서로운 구름이 하늘에 가득 차 오색광명을 놓도다.

17

古庵 門中秩

恩法佐(은법좌) (101명)

龍峯(용봉)	雲海(운해)	法華(법화)	淨海(정해)	圓光(원광)
頂峯(정봉)	聲準(성준)	圓徹(원철)	性祐(성우)	曉山(효산)
碩鏡(석경)	淨園(정원)	薰峯(훈봉)	昔城(석성)	曉經(효경)
鶴山(학산)	淨虛(정허)	禪曉(선효)	曉空(효공)	三圓(삼원)
香峰(향봉)	碧山(벽산)	正圓(정원)	東湖(동호)	靑樹(청수)
寅峯(인봉)	長春(장춘)	南虎(남호)	中天(중천)	長山(장산)
能惺(능성)	宗圓(종원)	海谷(해곡)	曉園(효원)	慶泰(경태)
普惠(보혜)	太浩(태호)	秀峰(수봉)	太悟(태오)	和禪(화선)
日禪(일선)	大圓(대원)	性面(성면)	鳳鳴(봉명)	和珍(화진)
眞月(진월)	性河(성하)	純敏(순민)	道悟(도오)	白曇(백담)
東峯(동봉)	正和(정화)	性斗(성두)	淨宇(정우)	東照(동조)
法賢(법현)	定禪(정선)	敬德(경덕)	寶峰(보봉)	文峯(문봉)
松園(송원)	太苑(태원)	泰律(태율)	泰宇(태우)	珍浩(진호)
秀松(수송)	榮峯(영봉)	奇峯(기봉)	昔鏡(석경)	慧鏡(혜경)
賢覺(현각)	宗元(종원)	春潭(춘담)	雲宙(운주)	解村(해촌)
東園(동원)	雲曉(운효)	浩峯(호봉)	春山(춘산)	海耕(해경)
性默(성묵)	曉性(효성)	濟園(제원)	東運(동운)	覺路(각로)
法眼(법안)	性柱(성주)	東映(동영)	月印(월인)	破玄(파현)
道鏡(도경)	性愚(성우)	正一(정일)	性眞(성진)	性蓮(성연)
性眼(성안)	性潭(성담)	優茶(우다)	吉祥(길상)	賢眞(현진)
鍾湖(종호)				

孫佐(손좌) (119명)

霧山(무산)	智園(지원)	度見(도견)	度吼(도후)	暎道(영도)
知洪(지홍)	度江(도강)	宗悟(종오)	知慧(지혜)	度完(도완)
度亨(도형)	知宇(지우)	知然(지연)	知完(지완)	知恩(지은)
暎浩(영호)	弘川(홍천)	弘喆(홍철)	弘進(홍진)	弘宣(홍선)
弘求(홍구)	弘鳴(홍명)	淸宇(청우)	行山(행산)	行文(행문)
妙頭(묘두)	知日(지일)	海光(해광)	大性(대성)	眞尙(진상)
修完(수완)	秀一(수일)	道永(도영)	泰榮(태영)	圓空(원공)
準模(준모)	淸模(청모)	正念(정념)	性潭(성담)	性法(성법)
忍谷(인곡)	悟性(오성)	東熙(동희)	大一(대일)	象泉(상천)
呑星(탄성)	瑞性(서성)	性海(성해)	度海(도해)	香綠(향록)
如海(여해)	宗浩(종호)	寬度(관도)	智運(지운)	智默(지묵)
賢度(현도)	光賢(광현)	大光(대광)	梵鏡(범경)	梵宗(범종)
眞豪(진호)	法省(법성)	是然(시연)	炫佑(현우)	法輪(법륜)
南賢(남현)	光雲(광운)	영호	지훈	태현
홍근	홍수	法慧(법혜)	正敏(정민)	學均(학균)
眞守(진수)	昌禪(창선)	東守(동수)	泰安(태안)	智玄(지현)
智用(지용)	智明(지명)	寶觀(보관)	西峰(서봉)	鏡潭(경담)
常佛(상불)	惺坡(성파)	金默(금묵)	慧禪(혜선)	衍潭(연담)
滿悟(만오)	無山(무산)	無心(무심)	妙覺(묘각)	德山(덕산)
月庵(월암)	梵照(범조)	相元(상원)	相峰(상봉)	相田(상전)

大賢(대현)	효성	수용	체혜	梵蓮(범연)
光雲(광운)	大眼(대안)	東岩(동암)	哄昫(홍구)	德聖(덕성)
大鏡(대경)	德壽(덕수)	祿沅(녹원)	德山(덕산)	眞覺(진각)
智玩(지완)	大覺(대각)	正明(정명)	東慧(동혜)	

曾孫佐(증손좌) (73명)

馬根(마근)	雨松(우송)	正現(정현)	洪法(홍법)	法藏(법장)
現潭(현담)	泰亨(태형)	宇現(우현)	寂滅(적멸)	正默(정묵)
東國(동국)	得牛(득우)	正潭(정담)	勤行(근행)	正旭(정욱)
昔現(석현)	日現(일현)	空現(공현)	一音(일음)	慧潭(혜담)
默潭(묵담)	一海(일해)	壯元(장원)	弘現(홍현)	三照(삼조)
一道(일도)	古峰(고봉)	龍潭(용담)	善現(선현)	昊然(호연)
碧潭(벽담)	法現(법현)	大現(대현)	松潭(송담)	靑現(청현)
和現(화현)	知現(지현)	書現(서현)	文現(문현)	龜潭(구담)
香城(향성)	泰休(태휴)	錦潭(금담)	曉潭(효담)	無二(무이)
哲現(철현)	性潭(성담)	眞現(진현)	月潭(월담)	誓願(서원)
覺日(각일)	圓潭(원담)	休潭(휴담)	晚一(만일)	晚成(만성)
法現(법현)	仁奉(인봉)	眞覺(진각)	圓相(원상)	圓光(원광)
圓潭(원담)	現性(현성)	法燈(법등)	行守(행수)	圓淨(원정)
慧潭(혜담)	寶雲(보운)	海日(해일)	法一(법일)	慈雲(자운)

明法(명법)   修仁(수인)   法眞(법진)

👤 高孫佐(고손좌) (6명)

正明(정명)   千眼(천안)   正見(정견)   靈眞(영진)   靈瓘(영관)
雪田(설전)

※〈先後次順 잘못이 있으면 양해 바랍니다〉

👤 在俗 懺悔弟子

徐燉珏, 權鐘大, 姜向熙, 車大煥, 金漢奭, 盧基旭, 李晉燮,
崔鉉奭, 韓甲得, 韓冕愚, 李普賢華, 金道明華, 朴般若心,
金普永心, 孫正覺心, 李圓明性, 李修仁性, 韓善道華, 鄭普賢心

18

法語錄 출간을 마치고

回 想

　나는 1965년 가야산이 노랗게 물들어 갈쯤 9월 15일 용탑선원에서 스님을 뵈었다. 스님은 나에게 이렇게 물으시었다. "어디서 왔는가?"
　"범어사에서 왔습니다." 나는 이미 범어사에서 스님을 뵙고 해인사로 찾아가겠다고 하였던 터라 이렇게 말씀드리었다.
　스님이 또 물으시었다.
　"너는 가야산 안에 있는가, 밖에 있는가?"
　(……?)
　강원을 마치고 선원에서 몇 철을 살고 나서 한번은 스님께 "가야산도 나도 없습니다." 하였다. 스님은 "가야산도 없고 나도 없다면 내 앞에 있는 자는 누군가?" 하셨다. 말문이 또 막혔다. 스님은 "나도 없고 너도 없는 자리를 찾아보아라." 하셨다. 세월이 많이 흘렀지만 스님은 늘 나에게 이렇게 숙제를 주시었다.
　올해로 스님께서 열반(涅槃)에 드신 지 23년이 되었다. 스님께서 열반하신 이태 후에 문도들이 스님 법어집 출간 논의가 있었다.

그리고 10여 년이 지난 후 1998년 열반 10주년에 대구 대자비원에서 일곱 여덟 분의 문중스님들이 모여 큰스님 법어와 많은 사료가 사라질까 두려우니 빨리 큰스님의 법어를 모아서 법어집을 내야 할 것이라고 논의하였다.

그런 후에도 아무런 진전이 없다가 다시 2007년 서울 법안정사에서 2차 문중 모임을 하면서 스님들은 나에게 이 일을 맡겼다. 망설이면서도 스님이 주신 숙제라 생각하고 육필을 정리하고 녹음을 찾아 녹취하였다. 수년간 내 가슴속의 화두는 오직 은사스님 법어록이었다. 오래전에 스님의 법문노트를 복사하였던 것이 큰 도움이 되었고, 종단 기록과 국가 '문서 기록 보존고'에서 자료를 얻기도 하고, 또 문도 스님들이 큰스님 자료를 가져오기도 하였다. 그리고도 여기저기 흩어진 편재들을 수년 동안 모았다. 3년여 동안 법어를 모아서 편집과 교정회의를 일곱 분의 문도 스님들이 다섯 번 가졌다. 스님의 법어집을 출간하는 것은 문도 모두가 스님을 그리워하는 마음에서부터 시작되었음은 두말할 나위 없다.

宗團과 古庵스님

대한불교조계종 정화 종단은 1954년부터 시작되어 1973년도에야 비로소 대법원 판결이 났다. 이렇게 종단이 어지러운 상태에서 중임을 맡으시니 안팎으로 할 일은 태산 같고 풀어야 할 숙제도 많았다. (그때는 종정 중심제, 총무원장 중심제 오락가락하던 시절이다.) 당시 종정 중심제는 종단의 안정화와 현안을 풀어가는 구심점에 스님이 계셨다. 종단의 3대 역점은 역경(譯經), 포교(布敎), 도제(徒弟)였다. 또 하나는 종도들의 숙원이었던 '부처님오신날' 공휴일 제정이었다. 스님은 청와대에서 박정희 대통령에게 '부처님오신날 공휴일'의 당위성을 설명하시고 국무회의에서 통과시켜 줄 것을 당부하시었다. 그리고 경산 총무원장 스님과 전 종무원들이 애쓴 가운데, 드디어 1974년에 불교계의 현안인 '부처님오신날' 공휴일 제정이 초파일 한 달여 앞두고 선포되었다. 공휴일 제정이 국무회의에서 가결되었을 때 스님께서는 기뻐하시면서도 "이제 한 가지 일을 풀었군." 담담히 그 한 말씀뿐이셨다.

스님께서 열반하신 후 돌아보건대 스님이 문득문득 생각나고, 내 앞에 우뚝 선 스님이 늘 꾸짖으시는 것 같아 지금도 등줄기에서 식은땀이 흐른다. 모든 것이 서툴고 어리석기만 한 자신을 나무라면서 스님께 다하지 못한 이 일을 고(告)하고 걸망지고 어디론가 떠나고 싶다.

법어록이 나오기까지는 普光, 大元, 中天, 秀峰, 純敏 형제스님들과 함께 밤새워가면서 교정을 봤다. 늘 관심과 격려를 주신 門徒 여러 대덕 스님들께도 감사드린다. 또한 『고암법어록』 출간까지 애써주신 여러분들이 있다. 워드와 교정은 맑은소리 편집장 茶耕 보살이 많이 수고하였고, 교정을 맡아주신 홍사성 불교평론 논설위원께도 감사드린다. 특히 '고암법어록' 표지를 만들어 주신 새김아트 鄭古巖선생께도 감사드린다. 그리고 조계종출판사 직원 모두가 교정과 출판에 각별히 힘써 주셔서 감사드린다.

마지막으로 법어집을 출간하는 데 많은 재원을 지원하여 주신 여러 형제 스님들께 고마움을 거듭 표하면서 후기(後記)를 대신합니다.

佛紀 2555年 9月 30日
고암문도 장산 합장

古庵法語錄

초판 1쇄 발행 | 2017년 11월 30일
개정판 1쇄 발행 | 2020년 7월 20일

엮은이 | 고암문도회

펴낸곳 | (주)조계종출판사
　　　　주소 서울시 종로구 삼봉로 81 두산위브파빌리온 232호
　　　　전화 (02) 720-6107~9
　　　　팩스 (02) 733-6708

ⓒ 고암문도회
ISBN 979-11-5580-140-6　03220
값 20,000원

* 저작권법에 의해 보호를 받는 저작물이므로 무단으로 복사, 전재하거나 변형하여
  사용할 수 없습니다.
* (주)조계종출판사의 수익금은 포교·교육기금으로 활용됩니다.

이 도서의 국립중앙도서관 출판예정도서목록(CIP)은 서지정보유통지원시스템 홈페이지
(http://seoji.nl.go.kr)와 국가자료종합목록 구축시스템(http://kolis-net.nl.go.kr)에서 이용하실 수
있습니다.(CIP제어번호 : CIP2020028085)